광주 역사와 함께 한

경양방죽
그리고
태봉산

지역사연구소 총서 1

광주 역사와 함께 한
경양방죽 그리고 태봉산

인 쇄 2020년 2월 21일
발 행 2020년 2월 28일

저 자 변동명·김희태·이옥희·배재훈·조상현
발행인 정병석
발행처 전남대학교출판문화원

등 록 1981. 5. 21. 제53호
주 소 61186 광주광역시 북구 용봉로 77
전 화 (062) 530-0571~2 마케팅 530-0573
팩 스 (062) 530-0579
홈페이지 http://www.cnup.co.kr
이메일 cnup0571@hanmail.net

값 12,000원

ISBN 978-89-6849-718-6 (93910)

이 도서의 국립중앙도서관 출판예정도서목록(CIP)은
서지정보유통지원시스템 홈페이지(http://seoji.nl.go.kr)와
국가자료종합목록시스템(http://www.nl.go.kr/kolisnet)에서 이용하실 수 있습니다.
(CIP제어번호 : CIP2020008871)

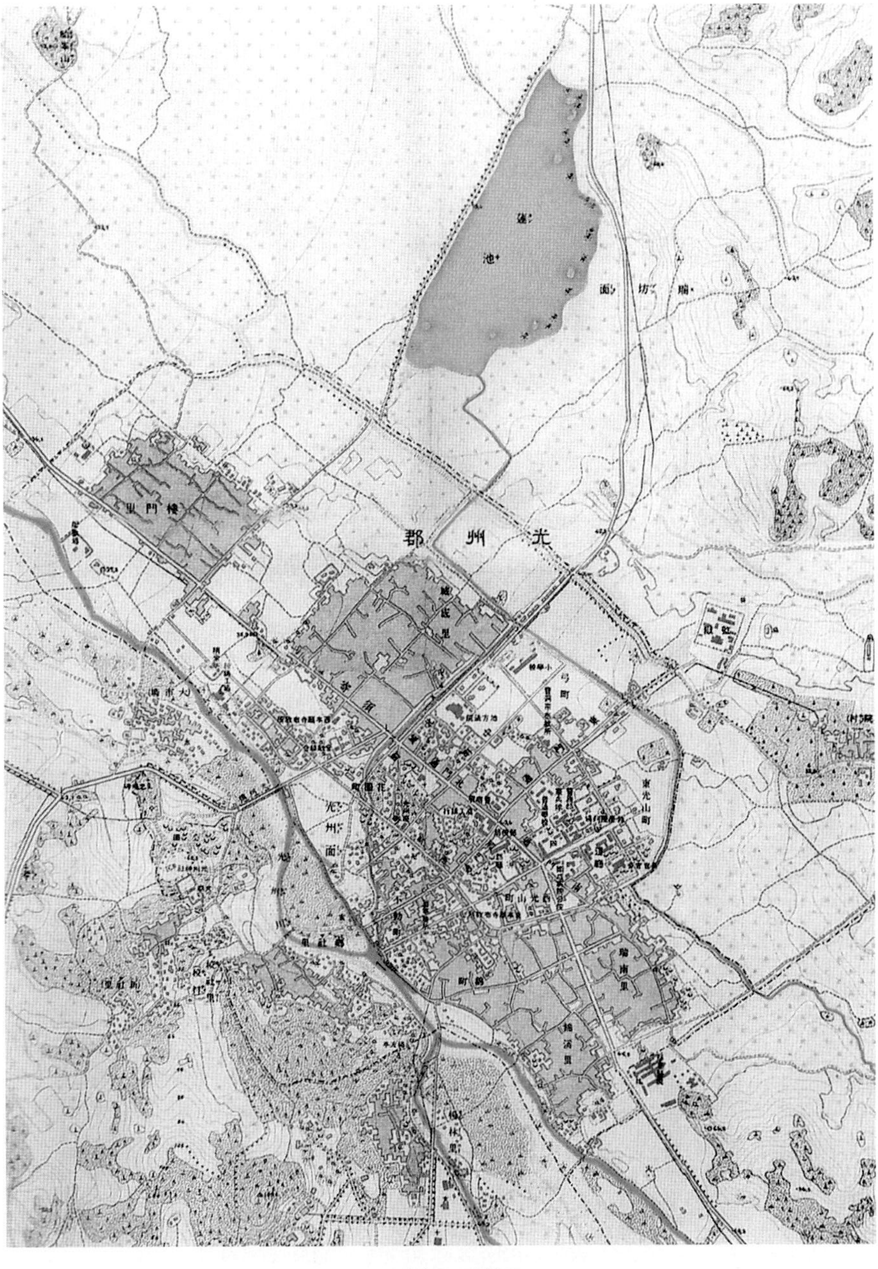

1917년도 지형도

1964년경 광주 시내쪽에서 바라본 경양호 항공사진
(강봉규, 국립아시아문화전당 아카이브)

1964년경 경양호 항공사진(강봉규, 국립아시아문화전당 아카이브)

1950년대 경양방죽

1940년대 배 타는 모습

태봉산

먼 산만 보고,
발 딛고 선 땅을 보지 않는다면

사랑하는 가족과 함께 포근한 밤을 보내고 일어난 아침, 언제 보아도 다정하고 후덕한 무등산, 그 위에 돋은 해를 보고 일자리로 가 하루 즐겁게 노동하고 집에 돌아오는 길에 무등산에서 내려온 물이 모여 우리의 얼굴을 비춰주는 넉넉한 호수를 찾아가, 그 물 가까이 친구들과 앉아서 맑은 물에 잠긴 달을 보면서 막걸리 한 잔 나누며 땀을 식히고, 부지런하게 산 하루를 얘기하고 이웃들의 삶들을 살피는 이야기에 곱게 취해서 집으로 가는 길에 콧노래 흥얼거리는 나를 상상해 본다.

오랜 친구 변동명 교수, 그리고 그와 함께 우리 지역을 깊이 공부하는 친구들이 힘을 합하여 경양방죽을 만들고 다시 없앤 역사의 자취들을 연구한 결과물을 한 권의 책으로 묶어 출판한다. 귀한 일을 한 연구자들에게 고맙다. 학교 다니던 시절 광주고등학교, 계림국민(초등)학교 앞에서 서쪽으로 펼쳐진 들판을 가자면 한옥 촌이 있었고, 거기에 일제가 메우다만 작은 경양방죽이 있었다. 오래되지 않은 한옥마을은 거의가 비슷비슷한 크기의 한옥들, 넓지 않은 마당을 안고 생나무 울타리로 둘러싸여서 서로 구분하기 어려운 집들의 집합이었다, 지번도 다 계림동 505번지였다. 일제강점기에 일본인들이 경양방죽을 메워서 주택지를 만든 까닭이다.

오래 전에 들판의 논농사를 위해 만든 인공호수, 경양방죽. 백성들이 땀 흘려 파고 쌓아 물을 가두고, 봄 여름 가을이면 농사에 썼다. 무등산에서 내리는 물을 가두었다. 자연흐름의 물로는 모자라서 도시의 남쪽을 흐르는 광주천의 물도 끌어댔다. 주변에 나무를 심어서 그 경관도 아름다웠다. 정약용 선생도 경양역을 지나면서 아름답다 노래하고, 관개의 힘 위대함에 감탄했다. 백성들은 농사짓는 사이 틈이 나면 낚시도 하고 작은 배를 띄워 뱃놀이도 했다. 겨울이면 얼음이 얼어 농한기 오락의 터로 썼던 호수였다. 자연스레 백성들의 마음이 머문 곳. 무등에서 내린 맑은 물이 폭 1000m 호수를 가득 채우고 있다면, 지금도 그 모습대로 있어서 우리 삶의 한 자락을 적셔 준다면 얼마나 아름답겠는가!

택지를 만든다는 궁색한 핑계를 대면서 일제가 메웠다. 지역민의 반대에 부딪쳐서 머뭇거리기도 했지만 결국은 식민지 백성을 무시하고 메운 것이다. 그때 호수의 대부분을 메웠다. 1960년대까지 조그맣게 남아있던 호수를 또 메웠다. 그 때는 대한민국 시절이었다. 쓰레기와 생활하수로 더러워지긴 했어도, 방죽가에는 많은 가난한 사람들의 초라한 삶터가 자리하고 있었다. 햇볕이 좋은 날 방죽가를 지나다가 길가의 집에서 소녀의 기도 피아노곡이 흘러나와 잠시 발을 멈췄던 일도 기억난다. 그런데 당시 개발독재에 물든 정부가 이 쪼그라든 호수를 메우기 시작했다. 태봉산 흙과 돌을 날라다 메우고 그 위에 길을 내고 집을 지었다. 그곳에 시청도 새로 지었다. 생각이 있는 어른들과 학자들이 나서서 메우지 말도록 만류했지만 들어주는 관리가 없었다. 생활하수가 들어오지 못하게 하여 맑은 물로 바꿀 수 있으며, 도시의 메마른 공기를 적셔주기도 하려니와, 도시의 사람살이를 보는 거울이 되게 하자 설득하는 사려 깊은 말에는 귀를 막았다. 작게 쪼그라들었지만 둑 아래는 아직도 물을 대서 농사짓는 논도 있었는데. 서민들은 그 작은 호수라도 알뜰하게 보살필 수 있다고, 그리 하자고 했는데. 그 호수를 일부러 만들고 자신들의 손으로 파고 물을 끌어대고 논에 물을 대며 귀한 자산으로 삼아 산 선조들의 뜻을 이어가고 싶었는데. 쪼그라든 작은 물을 보면서 백성들을 무시하고 제멋대로 메운 일제의 폭압을 기억하는 증표가 될 수도 있었는데도. 광주 다른 곳에 집 몇 채 지을 땅을 마련할 곳은 많이 있었는데도. 광주가 자랑하던 태봉산도 곱게 가꾸어 백성들이 자주 찾는 자리로 꾸밀 수도 있었는데. 아, 이제는 흔적을 찾을 수도 없고. 그 터에 사는 생각있는 시민들이 그려놓은, 방죽을 처음 만들 때의 설화 한편만 외로이 담벼락에 새겨져 있을 뿐이다. 정부라는 조직이, 개발이라는 속임수가, 새로운 시청을 옮기는 일이, 물을 없애는 일이, 태봉산을 허무는 일이 모두 권력을 가진 자들의 전횡이다. 그 전횡함이 일본의 관리나 대한민국의 관리나 다를 배가 없구나 하는 속아픈 기억 하나를 더해주었다. 맑은 물가에서 오순도순 이야기하는 일 대신에 부당한 힘들의 전횡만을 기억하게 되다니. 제국주의 사고방식에 순치된 독재자의 사고가 만연한 채로, 백성은 없고 저네들의 사고방식으로만 일하는 사람들이 한 일이었다. 제국주의 식민압제의 사고가 없어지지 않고 판을 치던 사회에서 그 잘못들을 뼈저리게 느껴 바로잡으려는 노력 없는 무지하고 야비한 관리들.

지역사연구소에서 경양방죽과 태봉산이 우리 곁에서 사라진 역사를 반추하는 의미를 생각해본다. 사람이 살아온 역사의 기억은 나와 나의 가까운 이웃들 항상 손 맞잡고 살 부대끼며 산 사람들의 이야기에서 시작하고 그 삶들이 중심이 되어야 하지 않을까? 흔히 역사라 하면 왕조, 국체의 변전이나 큰 권력의 행적들에 눈 맞추는 경향을 본다. 거대 권력에 눈을 줄망정 나와 나 주변을 바로 보지 못하고, 나보다는 정부를, 내 고장보다는 국가를 먼저 보는 것을 당연한 듯 여기고 살았을까? 그러다가 권력을 우러러보기도 하고. 내 고장을 얕보기도 하고.

경양방죽의 역사를 살피면서 대단한 일인 것처럼 이야기하자는 것이 아니다. 이제 우리는 국가 아닌 내 고장을, 먼 산이 아닌 내 발부리를 보는 눈을 더욱 가꿀 필요가 있다. 나 살아온 생각, 나 사는 고장의 사람살이, 내 고장이 한 일, 내 고장에서 이웃들과 손잡고 하고 싶은 일 찾으려면, 먼 곳 파란 산에만 눈 주지 말고 내가 사는 고장의 땅과 생각들이 어떻게 생기고 변천해 왔는가를 깊이 생각하는 마음들과 몸짓들이 더욱 많아지면 좋겠다. 그래야 내 고장이, 여기 사는 사람들이 사람답게 살기 위해 노력한 일들을 찾아 앞으로는 어떻게 살까 서로 의론하는 마당이 많아지지 않겠는가? 가장 훌륭한 인격은 자기 자신을 아는 사람이라고 하듯 가장 훌륭한 역사공부는 내 고장을 제대로 아는 공부이지 않을까요?

제 생업에 바쁜 사람들이 틈을 내서 한 공부가 우리 고장의 실거운 사람들의 마음과 닿는 자리에 하나 더해지면 좋겠습니다. 광주에서 짧지 않은 세월을 살면서 옳은 일에 힘 보태지 못하고 산 내 삶을 돌아보게 하여준 지역사연구소 속 깊은 친구들에게 고마운 마음을 보냅니다.

2020. 2.
강정채

차례

광주 경양방죽의 수축과 운영

변동명

Ⅰ. 머리말

경양방죽은 광주의 상징이다. 무등산이 그러하듯이 광주사람들에게는 무척이나 정겨운 단어가 경양방죽이다. 그런데 이 방죽은 현재 찾아볼 수가 없다. 도시의 팽창과 함께 주거지 등으로 개발되는 과정에서, 무등산 자락인 경호대鏡湖臺를 깎아 내 채우고 끝내는 태봉산胎封山을 헐어다 메움으로 해서 없어진지 오래이다. 함께 사라진 태봉산과 더불어 경양방죽은 이제 나이든 사람들 사이의 대화에서나 추억의 장소로 오르내리는 지명일 따름이다.

방죽이란, 사전의 풀이에 따르자면 물이 밀려드는 것을 막

* 「조선시기 광주 경양방죽의 수축과 운영」(『국학연구론총』 21, 2018)을 크게 수정 보완하였다. 이후 참고할 때에는 이 글을 기준으로 삼아주기 바란다.

기 위해 쌓은 둑을 가리킨다.[1] 흔히들 한자로 방축防築이라 표기하곤 하는 그것이다. 방죽이라는 단어가 본시 그와 같은 한자어에서 유래한 것인지, 혹은 겨레의 고유한 단어였는데 한자를 빌려 표기하는 과정에서 방축防築으로 굳어진 것인지는 잘 모르겠다. 다만 방죽이라고 하면 대개는 그냥 물막이 둑만이 아니라, 그것을 포함한 저수시설 전체를 가리키는 게 보통이다. 말하자면 경양방죽은 곧 '경양'이라는 이름의 저수지를 가리키는 명사이며, 실제로 광주지역에서는 지금도 그런 뜻으로 사용들을 하는 게 관행이다.[2] 한편 전통시기의 자료에는 이 저수지의 칭호가 경양방축景陽防築을 비롯하여 경양언景陽堰, 경양제景陽堤, 경양지景陽池, 경양호景陽湖, 금교방축金橋防築, 금교제金橋堤, 경호鏡湖, 서방지瑞坊池, 방지芳池, 연지蓮池 등으로 다양하게 나타난다고 한다. 나름의 유래라든지 의미를 지닌 칭호들이거니와,[3] 이 글에서는 지역사회의 오랜 관행에 따라 이 저수지를 그냥 경양방죽이라 칭하도록 하겠다.

경양방죽은 전통시기 호남에서 손꼽히는 저수지 가운데 하나였다. 가령 다산茶山이 당시 전국의 이름난 대형 저수지를

---

1) 연세대 언어정보개발연구원, 『연세 한국어사전』, 두산동아, 1998, 815쪽.
2) 정의행, 「경양방죽의 역사」, 『경양방죽과 마을사람들』, 광주시 동구 계림1동·추억이 깃든 경양마을 만들기 주민협의회, 2011, 11·22쪽. 광주시립민속박물관, 『경양방죽과 태봉산』, 2018.
3) 이 저수지를 가리키는 여러 명칭 및 그 유래라든지 뜻풀이는 김희태, 「조선시대 기록을 통해 본 광주 경양지(景陽池)」, 『향토문화』 27, 향토문화개발협의회, 2007, 43~53쪽 및 정의행, 「경양방죽의 역사」, 21~24쪽과 광주시립민속박물관, 『경양방죽과 태봉산』, 2018, 23~39쪽을 참고하라.

꼽으면서 광주의 경양지를 거명한 게 그러하였다.[4] 조선후기에 경양방죽이 호남을 대표할 만큼 커다란 저수지로 유명하였음을 알 수가 있다. 또한 그런 만큼 허다한 시문詩文에서 경양방죽은 자주 오르내리는 소재였으며,[5] 벌써 사라진지 오래임에도 근자에 이르도록 잊힐 만하면 언론에서 한 번씩 다루곤 하는 게 이 방죽이다.[6]

그런데 관심이 그처럼 컸던 데 비하면, 막상 경양방죽에 관해 정확하게 알려진 사실은 그리 많지를 않다. 과거로 거슬러 올라가는 일일수록 그 정도는 더욱 심한데, 이를테면 경양방죽이 누구에 의해서 또 언제 수축되었는지조차도 분명하지를 않은 게 현실이다. 이 방죽의 수축을 둘러싼 설왕설래는 무성하지만 대체로 설화의 수준에서 크게 벗어나지를 못한 탓이다. 나아가 수축된 경양방죽의 관리라든지 운영의 문제는 거의 언급조차 되어본 적이 없다.[7] 한층 정밀한 논의를 거쳐 사실 하

---

4) … 我邦大陂 又有咸昌之空骨隄 隄川之義林池 德山之合德池 光州之慶陽池 延安之南大池 今皆淤塞 此守土者之責 … (『與猶堂全書』 5集 『牧民心書』 11 工典六條 제2조 川澤)

5) 정의행, 「고전문학 속의 경양방죽」, 『경양방죽과 마을사람들』, 29~45쪽.

6) 가령 지역신문인 『광주드림』의 2012년 1월 10일과 1월 31일 및 2월 14일자에 연재된 '경양방죽'이라는 제하의 기사가 그러하거니와, 그밖에도 사례를 들기로 하면 끝이 없다.

7) 설화라든지 지역민들의 기억 등을 포함하여 경양방죽을 다룬 주요한 저술로는 다음이 있다. 金洪三, 『景陽방죽의 歷史』, 第一文化社, 1968. 광주시 동구 계림1동·추억이 깃든 경양마을 만들기 주민협의회, 『경양방죽과 마을사람들』, 2011. 광주시 동구 계림1동·추억이 깃든 경양마을 만들기 주민협의회, 『추억이 깃든 경양마을』, 2012. 광주시 동구 계림1동·추억이 깃든 경양마을 만들기 주민협의회, 『경양마을 이야기』, 2014. 광주시립민

나하나를 밝히려는 노력이 우선적으로 요구된다 하겠다.

이 글에서는 가능한 한 연구의 기본 원칙에 충실한 접근을 시도하려 한다. 누가, 어느 시기에, 이 방죽을 왜 수축하였으며, 또 어떻게 운영 관리하였는지 등에 집중하여 문제를 풀어가려 한다. 관련 기록이 매우 빈약하다는 한계가 크지만, 시대 상황에 비추어 차분히 그 내용을 음미하다 보면 그나마 실상에 가까운 결론에 도달할 수 있을 것으로 믿는다.

먼저, 경양방죽이 수축된 시기를 둘러싼 논란을 정리하겠다. 이제까지의 분분했던 설들을 따져보는 것과 함께 수축의 시기를 가늠하며, 그리하여 이어지는 논의를 위한 발판으로 삼으려 한다. 다음으로, 경양방죽이 수축되기에 이른 경위를 추적하겠다. 특정한 시기에 어떤 사람들이 주체가 되어 그곳에다 무슨 이유에서 저수지를 수축하려 들었던가를 곰곰이 헤아려 그에 담긴 의미를 찾아보려 한다. 마지막으로, 수축된 이후의 경양방죽을 검토하겠다. 경양방죽이 수축된 이후의 관리라든지 운영을 더듬어 전통시기 경양방죽의 존재 양상을 살피고자 한다. 이상의 계획에 따른 논의가 순조롭게 진행되어 전통시기 경양방죽의 실상을 이해하는 데 작은 디딤돌이나마 마련되기를 바라는 마음 간절하다.

속박물관, 『경양방죽과 태봉산』, 2018. 김희태, 「조선시대 기록을 통해 본 광주 경양지(景陽池)」, 『향토문화』 27, 향토문화개발협의회, 2007.

Ⅱ. 수축 시기를 둘러싼 논란

경양방죽이 수축된 시기를 둘러싼 논란은 크게 둘로 나눠 생각할 수가 있다. 지역사회에서 막연하게 설왕설래되는 수준의 고대古代 축조설과, 나름의 논거를 제시하며 주장되는 조선시기朝鮮時期 축조설이 그것이다.

고대 축조설의 경우, 구전 설화의 영역을 넘어서지 못하는 수준이어서 논의의 대상으로 삼기에는 무리가 있다. 경양방죽이 백제·신라의 시대에 축조된 이래 보수를 거듭하면서 조선에 이르도록 유지되어온 고대 저수지 중의 하나라느니, 혹은 후백제왕 견훤의 어머니가 흉년을 극복하고자 관개시설로 경양방죽을 축조하였다느니 하는 등이 그것이다.[8] 지역 주민들 사이에서 오가는 얘기들로 그다지 신빙성이 있어 뵈지는 않지만, 그렇다고 한 마디로 부정하고 나서기도 쉽지 않은 게 현실이다. 경양방죽이 처음 축조된 시기를 알려주는 명확한 기록이나 증거를 제시하기가 어려운 형편이기 때문이다. 하지만 구체적인 근거가 제시되지 않은 막연한 언설을 학문적인 논의의 대상으로 삼을 수 없다는 것도 또한 명백하다. 그러한 이야기가 지역민들 사이에 전해진다는 사실을 언급하는 정도에 그칠 뿐, 그 진위를 따지는 건 소임 밖이다.

---

8) 『皇城新聞』(1902.6.9.)과 『全南日報』(1967.4.30)에 각각 그러한 내용이 실렸던 것으로 전한다(정의행, 「경양방죽의 역사」, 14쪽).

다음으로, 경양방죽이 조선시기에 처음 수축되었다는 견해를 살피겠다. 경양방죽의 조선 축조설은 다시 조선전기설과 조선후기설로 나뉜다. 조선전기 구체적으로는 세종대에 경양방죽이 수축된 것으로 이해하려는 측과, 임진왜란 이후인 1620년대 즈음에 축조되었을 것임을 내세우는 주장이 그것이다.

경양방죽의 세종대 수축설은 그와 관련된 인물로 하나같이 김방金倣을 꼽는다는 점에서 공통적이다. 세종대에 김방이라는 이가 경양방죽을 축조했다는 이른바 김방의 경양방죽 수축설이 그것이다. 다만 김방에 의해 처음 이 방죽이 축조된 시기가 언제였던가를 두고는 생각들이 엇갈린다. 1420년대에서 1440년대까지 대략 세종대(1418~1450) 즈음에 김방이 경양방죽을 수축하였다거나, 혹은 세종 22년(1440)이나 23년 또는 25년에 그러하였을 것임을 지적하는 등 제 각각이다.[9] 김방이 광주에서 활동했을 법한 시기를 저마다 달리 추정하면서 벌어진 현상이다.

김방은 사서에 등장하는 실존 인물이다. 조선초기인 태종과 세종대에 활동한 사실이 실록 등에서 확인된다.[10] 토목공사에

---

9) 山本哲太郎, 『光州郡史』, 光州郡教育會, 1933, 40쪽. 金洪三, 『景陽방죽의 歷史』, 第一文化社, 1968, 31쪽. 鄭顯雄, 「名勝」, 『光州市史』附錄 1, 光州市史編纂委員會, 2001, 483쪽. 김희태, 「조선시대 기록을 통해 본 광주 경양지(景陽池)」, 『향토문화』 27, 향토문화개발협의회, 2007, 54쪽. 정의행, 「경양방죽의 역사」, 『경양방죽과 마을사람들』, 13쪽.

10) 『太宗實錄』 35 太宗 18년 1월 13일 甲子, 『世宗實錄』 10 世宗 2년 10월 16일 辛亥, 같은 책 11 世宗 3년 1월 16일 己卯, 같은 책 45 世宗 11년 8월 8일 壬午, 같은 책 24일 戊戌, 『新增東國輿地勝覽』 33 全羅道 金堤郡

남다른 재능을 지녔던 듯, 김제金堤의 벽골제碧骨堤를 수축하고 서울의 태평관太平館을 보수하는 일을 맡았던 것으로 기록에 나타난다.[11] 다만 전통시기의 자료에서 김방이 광주의 경양방죽을 수축했음을 전하는 기록은 아직 대한 적이 없다. 조선시기를 통틀어 김방과 경양방죽을 연결지어 생각할 만한 자료는 미처 찾지를 못하였다. 관청의 기록은 물론이고 개인의 시문詩文이라든지 지지류地誌類에서도 김방의 경양방죽 수축을 입증할 만한 내용은 쉬이 눈에 띄지를 않는다. 관련 설화까지 수록하곤 하는 읍지류邑誌類의 경양방죽이나 김방 항목에서도 그와 관련된 내용은 확인하지를 못하였다.

현재까지 검증한 바 김방의 경양방죽 축조에 관한 가장 오래 된 기록은 일제강점기의 중추원조사자료이다.[12] 1913년에 작성된 『수리水利에 관關한 구관舊慣』(水利ニ關スル舊慣)이 그것으로서, 제2장 '수리시설의 종류 및 성질', 제1 '관개용 시설', 갑甲 '제언堤堰'의 '민유제언民有堤堰' 중 '공유제언共有堤堰' 항목에, 광주의 부호인 김방이 경양방죽을 수축했다는 설이 수록되어 전한다. 구체적인 증거에 입각한 기록이라기보다는 지역사회에 구전되던 내용을 옮겨 적은 듯 보이거니와, 더불어 일제강점 초기인 당시에도 지역민들이 그와 같은 김방의 공덕을

古跡 碧骨堤

11) 邊東明, 「樂安의 歷史와 邑城」, 『韓國中世의 地域社會研究』, 學研文化社, 2002, 184쪽.

12) 국사편찬위원회 한국사데이터베이스 일제강점기

칭송한다는 점을 특기해 이색적이다. 이후 김방의 경양방죽 축조설은 『광주군사光州郡史』(1933)와 『경양景陽방죽의 역사歷史』(1968)에 수록되면서 거기에 세종대 축조설이 더해졌고, 더불어 관련 구비전승이 확대 재생산되면서 오늘에 이르렀다.[13] 그리하여 김방이 조선전기인 세종대 즈음 경양방죽을 처음 축조하였다는 주장은 이제 지역민들 사이에서 거의 움직일 수 없는 사실인 양 확고하게 자리를 잡은 채 운위되는 게 현실이다.

그런데 광주 지역사회에서의 그와 같은 일반적인 믿음과는 달리, 정작 김방이 조선 세종대 즈음에 경양방죽을 처음 축조했음을 확인시켜주는 증거는 아직 알려진 바가 없다. 앞서 지적하였듯이 김방의 경양방죽 수축설은 20세기 초반인 일제강점기에 들어 비로소 기록에 등장하며, 그 뒤로 김방의 주된 활동 시기를 참작한 듯 세종대 축조설이 거기에 덧붙여져 기록되는 게 1930년대 초반의 일일 따름이다. 조선 세종대는 말할 것이 없고 조선시기에 작성된 기록의 어디에서도, 김방이 세종대에 경양방죽을 수축하였음을 뒷받침할 만한 증거는 찾을 수가 없다. 적어도 현재까지는 그러하다.

나아가 경양방죽의 김방 수축설은 그만두고, 이 방죽이 세종대를 포함하여 조선전기에 실재했음을 보여주는 자료도 이

13) 위의 註 9)에 제시한 글들과 함께, 李京曄, 「광주의 전설」, 『光州市史』附錄 1, 光州市史編纂委員會, 2001, 672~674쪽 및 위의 註 7)의 『경양방죽과 마을사람들』(2011), 『추억이 깃든 경양마을』(2012), 『경양마을 이야기』(2014) 등을 참고하라.

제까지는 알려진 바가 없다. 조선전기의 실록이라든지 또는 『세종실록지리지』나 『신증동국여지승람』과 같은 지지류地誌類에서, 경양방죽의 존재를 확인시켜주는 기록은 아직 대하지를 못하였다.[14] 또한 조선전기에 활동한 인물들의 저술에서도 경양방죽은 그 자취를 쉬이 드러내지 않는다. 문집류 각별히는 광주지역과 관련이 있는 조선전기 인물들의 시문에서도, 경양방죽의 존재를 입증하는 기록을 찾기란 결코 쉬운 일이 아니다. 세종대를 포함한 조선전기의 경우, 경양방죽은 그 실재 여부마저 불분명한 존재라 할 밖에 도리가 없다.

전통시기의 자료에서 조선 세종대에 김방이 경양방죽을 축조하였다는 주장을 뒷받침할 수 있는 믿을 만한 근거를 찾기가 어려우며, 더욱이 경양방죽이 세종대를 포함한 조선전기에 실재하였던가의 여부마저도 입증하기가 쉽지 않음을 살폈다. 이른바 김방의 세종대 경양방죽 수축설은 그 신뢰도에서 높은 점수를 받기가 어려운 견해임을 확인한 셈이다.

한편 최근에 들어 경양방죽이 1620년대에 비로소 그 모습을 드러냈으리라는 주장이 제기되어 눈길을 끈다.[15] 김방의

---

14) 중앙의 관찬자료에 전국의 모든 저수지가 수록된 것은 아니었을 터이므로, 거기에서 관련 내용이 찾아지지 않는다 하여 조선전기에 이 경양방죽이 존재했을 가능성마저 부정할 수는 없을지 모르겠다. 그렇지만 설령 당시 이 방죽이 존재했다 하더라도 그러한 자료에 수록될 만큼 조정이라든지에서 관심을 기울일 만한 대상이 아니었음은 분명하다 할 것이다. 조선전기에 경양방죽이 실재하지 않았거나 실재했더라도 의미를 부여하기 어려운 수준의 것이었을 가능성을 암시한다.

15) 『광주드림』 2017년 2월 7일자 및 동 21일자에 실린 조광철의 '여러 갈래

세종대 경양방죽 수축설을 부정한 셈이거니와, 조선시기의 자료에서 경양방죽과 관련된 기록들을 더듬어 도달한 결론으로, 나름의 근거에 입각해 신중히 접근했다는 점에서 평가할 만하다. 다만 범위를 좀 더 넓혀 헤아리며 더욱이 관련 자료를 한층 세심히 살펴 음미하는 데 집중하지 못한 듯 보여 아쉽다. 발표 지면이 일반 대중을 독자로 삼은 매체였다는 점에서 제약이 있었으려니와, 그러한 한계를 참작하더라도 제시된 견해를 그대로 따르기에는 주저되는 부분이 없지 않다.

1620년대 경양방죽 축조설에서 내세우는 주요한 근거 자료는 제호霽湖 양경우梁慶遇(1568~?)의 시詩이다. '경양방축景陽防築'에서의 고기잡이 구경에 나선 광주목사光州牧使 죽음竹陰 조희일趙希逸(1575~1638)의 시에 양경우가 차운次韻하여 읊은 것인데,[16] 그 조희일이 광주목사로 부임한 게 1624년이었으므로[17] 경양방죽도 그 즈음에 들어 비로소 제 모습을 드러냈으리라는 이해인 것이다. 시의 제목에 벌써 고기잡이를 할 수 있는 저수지로서의 경양방죽이 등장하는 등, 당시 이 방죽이 실재하였음을 부정하는 것은 불가능해 보인다. 더불어 당시

경양방죽 탄생기'와 '경양방죽을 표현한 다양한 묘사들'이 그것이다.

16) 錦樹經霜葉脫枝 城西此會恨差遲 村居無事政多暇 太守出遊民不知 水闊跳魚鱗鬣壯 天寒病鶴翅翎垂 生憎畫角無情極 不許華軺住少時 (『霽湖集』 8 光牧竹陰令公觀漁景陽防築有詩次韻)

17) … 趙希逸 (夾註; 天啓甲子 文 嘉善來 因賊愿降號遞歸) … (『光州邑誌』(1879년) 邑先生)
제시한 사료의 夾註에 기록된 바 趙希逸이 부임했다는 天啓 甲子는 仁祖 2년으로 1624년에 해당한다.

장성부사長城府使였던 양경우로 하여금 예의 '경양방축' 운운하는 차운시次韻詩를 짓도록 이끌었던 조희일의 시詩 제목에도 '경양언景陽堰'이 등장하여 거듭 그것을 확인시켜주기도 한다.[18] 광주목사 조희일과 장성부사 양경우가 시를 주고받던 1624년 무렵 경양방죽이 실재하였음을 의심할 이유는 없을 것으로 믿는다.

대략 1624년 무렵이면 광주의 경양방죽이 그 모습을 드러냈을 것임을 확인하였다. 하지만 그것으로 경양방죽의 1620년대 축조설이 입증된 것은 아니다. 늦어도 그 즈음이면 경양방죽이 존재했음을 확인한 데 지나지 않으며, 그 축조가 보다 앞서 이뤄졌을 가능성을 배제하는 것은 아니다. 다음의 시를 살펴보자.

> 풍류風流 자사刺史께서 봄을 좇아서 오시자
> 희경루喜慶樓 앞에 복숭아꽃 살구꽃 피네
> 쓸모없는 이 몸 10년 동안 냄새며 맛을 함께하더니
> 경양제景陽堤 위에서 큼직한 술잔을 쥐는구려[19]

---

18) 抱霜殷葉墮危枝 地暖江南節較遲 莫恨白頭成潦倒 且開靑眼向親知 栖鴉古堞烟光薄 回雁遙峰日脚垂 任使女兒攔道笑 接罹斜影月明時 (『竹陰集』 7 景陽堰上押呼示梁長城)
여기 詩와 위의 註 16)에 제시한 詩의 韻이 知·遲 및 垂·時로 동일하다는 점에서, 註 16)이 주 18)의 次韻詩임을 확인할 수가 있다.

19) 風流刺史趁春來 喜慶樓前桃杏開 樗散十年同臭味 景陽堤上把深杯 (『溪陰集』 2 呈牧伯李丈)

계음溪陰 조팽년趙彭年(1549~1612)의 '목사 이씨 어른께 바침'[呈牧伯李丈]이란 시이다. 새로 부임한 목사를 환영하며 술잔을 나누는 어느 봄날의 분위기가 연상되거니와, 각별히 눈길이 가는 게 마지막 구절에 나오는 '경양제景陽堤' 곧 경양방죽이다.

위 시를 증정받은 주인공인 목사 이씨는 이경함李慶涵(1553~1627)이다. 위 시의 바로 앞에 '희경루喜慶樓에서 여상부呂尙夫를 송별함'[喜慶樓別呂尙夫]이란 시詩가 수록된 데서[20] 추정할 수가 있다. 상부尙夫 여우길呂佑吉(1567~1632)은 1602년에 그리고 이경함은 그를 이어 1604년(선조37)에 각각 광주목사로 부임한 인물들이다.[21] 여우길의 후임자가 곧 이경함이란 뜻이거니와, 따라서 여상부 전별시에 곧장 잇대어 수록된 (광주)목사 운운의 시에 등장하는 이씨라면 곧 이경함일 수밖에 없다.[22] 그러므로 위에 제시한 자료는 말하자면 이임하는 광주목사 여우길을 송별하고 나서, 뒤이어 새로 부임한 광주목사 이경함을 반기며 조팽년이 지은 시였던 셈이다.[23]

---

20) 『溪陰集』 2 喜慶樓別呂尙夫

21) … 呂佑吉(夾註; 萬曆壬寅 文 堂下來) 李慶涵(夾註; 萬曆甲辰 通政來 善政立碑) … (『光州邑誌』(1879) 邑先生)
제시한 사료의 夾註에 나오는 바 呂佑吉과 李慶涵이 각각 부임하였다는 萬曆 壬寅과 萬曆 甲辰은 각각 선조 35년(1602)과 선조 37년(1604)에 해당한다.

22) 정의행, 「고전문학 속의 경양방죽」, 32쪽에서도 詩題의 '牧伯李丈'을 李慶涵으로 판단하였다.

23) 작자인 조팽년은 康津 출신으로서 선조 36년(1603)에 光山提督官을 拜受하였다고 한다(… 癸卯(선조36)四月拜光山提督官 甲辰(선조37)錄扈聖原從

위 시는 이경함이 부임한 1604년 봄의 작품이다. 따라서 그 마지막 구절에 나오는 '경양제景陽堤'는 곧 1604년에 경양방죽이 존재했음을 보여주는 증거라 할 수 있다. 위 양경우와 조희일의 시보다 20년 앞선 자료로서, 늦어도 그 무렵이면 경양방죽이 실재하였음을 헤아리게 한다. 한편 그와 달리 여기의 '경양제'를 경양방죽이 아닌 단순한 둑길로만 이해하려는 견해가 나오기도 하였다. 위에 제시한 시詩의 어디에서도 물을 채운 저수지의 모습을 찾아볼 수가 없다는 이유에서이다.[24] 조팽년의 시에 등장하는 '경양제'를 경양방죽과 연결시켜 이해하는 데 거부감을 드러낸 셈이다.

하지만 그것은 아무래도 지나치다는 생각을 지울 수가 없다. 앞서 조희일의 1624년 시에서도 저수지와는 전혀 무관하게 '경양언景陽堰'이 등장한다. 그런데 그 답시答詩라 할 양경우의 시에서는 동일한 대상을 저수지로서의 '경양방축景陽防築'으로 묘사하였다. '경양언'이 곧 '경양방축'으로서 경양방죽을 의미하는 용어였음을 알려준다. '경양언景陽堰'과 전혀 동일한 의미인 '경양제景陽堤'도 마찬가지로 경양방죽이었음을 헤아리게 하거니와, 멀리 갈 것도 없이 조선시기의 지지류地誌類에서 저수지와 같은 수리시설을 한결같이 '제언堤堰'이라는 항목에

勳居一等 … 『溪陰集』 6 故行礪山郡守贈左承旨溪陰趙公行狀). 그가 광주 목사로 재임하던 여우길을 전별하고 또 그 후임 목사인 이경함을 환영하는 시를 짓게 된 연유를 알 만한 대목이다.

24) 『광주드림』 2017년 2월 7일자에 실린 조광철의 '여러 갈래 경양방죽 탄생기'를 참조하라.

수록하였음을 떠올리면 되는 일이다. 조선시기의 어법으로는 '제堤'나 '언堰' 혹은 '방축防築'을 막론하고 저수지 내지는 그 밖의 수리시설을 의미하는 바, 경양언景陽堰이 곧 경양제景陽堤이고 경양방축景陽防築이며 또한 경양방죽이었음이 거의 틀림없다.[25] 전통시기의 자료에서 경양지景陽池나 경양호景陽湖와 함께 경양방축景陽防築·경양제景陽堤·경양언景陽堰이 한결같이 경양방죽을 지칭하는 용어였음을 잊지 말아야 할 것이다.

계음 조팽년이 경양역景陽驛의 찰방察訪인 송복여宋福汝에게 보낸 시에 '경양역을 비추는 천 송이 꽃, 묻노니 이제 졌는가 아직 지지 않았는가'라는 구절이 있다.[26] 경양역 가까이의 경양방죽에 가득하였다는 연꽃을 연상시키는 시인데,[27] 송복여

---

25) 조선초기에 같은 대상을 놓고 『世宗實錄地理志』에서 '池'라고 한 것을 『慶尙道地理志』에서는 '堤'라고 기록하는 등 '堤'가 곧 '池'로서 수리시설을 지칭한다 함은, 李泰鎭, 「朝鮮 初期의 水利政策과 水利施設」, 『李基白先生古稀紀念 韓國史學論叢』(下), 一潮閣, 1994, 1055쪽을 참고하라. 한편 조선후기 正祖代의 기록 중 '堤'를 산간에 자리한 '貯水' 용도의 수리시설로, 그리고 '堰'을 바닷가에 축조된 '防水' 용도의 수리시설로 각각 구별해서 사용한 예가 나온다. '引水' 용도의 '洑'와 함께 당시의 3대 수리시설을 언급하는 과정에서의 기록이거니와(염정섭, 「水利施設의 현황과 지역적 특성」, 『조선시대 농법 발달 연구』, 태학사, 2002, 337~338쪽), 설령 그처럼 '堤'와 '堰'을 구별해서 이해한다고 하더라도 光州의 景陽堰을 바닷가의 海水나 潮水를 방비하는 수리시설로 생각할 수가 없을 것임은 물론이다. 景陽堤건 景陽堰이건 모두 경양방죽이라는 동일한 수리시설을 가리키는 용어임에는 변함이 없는 것이다.

26) 水深驢脚短 不得渡驚灘 照驛花千朶 問今殘未殘 (『溪陰集』 1 寄宋察訪福汝)

27) 경양역 및 그와 지척의 경양방죽이라든지 그곳의 연꽃을 언급한 시문은 무척 많은데, 가령 茶山의 '경양방죽을 지나며'에 나오는 경양역루 가까이의 방죽과 연꽃이라든지 (… 芳池近驛樓 … 荷開合汎舟 … 『與猶堂全書』 1集 詩文集 1卷 過景陽池), 또는 東江 申翊全이 경양역의 堂宇 준공을 기

가 광주목사 여우길과 비슷한 시기에 경양찰방이었음을 생각하면,[28] 이 또한 여우길이 광주목사로 재임하던 1602~1604년 어간에 경양방죽이 존재하였음을 전하는 자료일 가능성이 높아 보인다.

경양방죽이 1602년에서 1604년 즈음이면 실재하였을 것임을 살폈다. 늦어도 1604년 이전에 경양방죽이 축조되었으리라는 판단인 것이다. 다만 구체적인 조성 시기가 여전히 미궁이라는 사실에는 변함이 없다. 이제까지 검토해온 바를 바탕으로, 경양방죽이 1602년을 전후한 어느 시기에 수축되었을 개연성을 가늠해보는 정도이다. 기록상 경양방죽의 실재가 확인된 가장 이른 시기라는 점에서 그러했을 가능성을 배제할 수가 없기 때문이다.

그런데 여기에서 간과할 수 없는 것은 당시가 임진왜란이 끝나고(1598) 4년가량 밖에 지나지 않은 무렵이었다는 사실이

념해 쓴 '滌襟堂記'에 묘사된 바 경양역 바로 앞의 대형 저수지 및 그 방죽을 가득 채웠다는 연꽃 (… 遠挹平蕪蕪 外州郭隱隱 仰焉瑞石山蒼然聳空而大陂池瀦其前 池植芙蕖萬朶 亘以長堤蔭 喬樹累千株 直接州樓 折楊道是堤者 六月冷然善也 …『東江遺集』10 滌襟堂記) 등이 그러한 사례에 든다 할 것이다.

28) 조팽년이 광주목사 여우길과 경양찰방 송복여에게 보낸 詩가 문집의 동일한 위치에 잇대서 연달아 수록되고, 더욱이 하나의 시를 송복여와 여우길에게 동시에 보낸 적도 있었음에 비추어(『溪陰集』1 呈呂牧伯尙夫, 投贈宋景陽 兼呈呂牧, 寄宋察訪福汝), 세 사람이 광주지역에서 특정 시기를 함께 보내며 시를 주고받는 등 교유하였을 것으로 짐작되는 바, 자연히 송복여가 경양찰방으로 재임한 것도 여우길의 광주목사 재임과 비슷한 시기였을 터이다.

다. 전란의 후유증을 수습하는 일만도 무척 버거운 처지였을 법한 즈음이었다. 그처럼 어려운 시기에 호남에서도 손꼽히는 규모였다던 경양방죽과 같은 대형 저수지를,[29] 계곡이 아닌 널따란 평지에 긴 제방을 축조해 새로이 조성하는 게 과연 가능하였을지 의문이 드는 것이다.[30] 민심 안정을 위한 구휼사업의 일환으로 추진되었다고 보기에도 미심쩍기는 매한가지이다. 전란 직후의 매우 쪼들렸을 재정상황을 떠올리면, 토목사업의 규모가 지나치게 커 보인다. 중앙 조정이라든지 광주 고을의 차원에서, 그만한 규모의 제언을 평지에 새로이 수축하도록 뒷받침하거나 주도적으로 추진할 만한 여력을 당시에 갖추었을 것으로는 도시 믿어지지를 않는다. 그렇다고 전란이 한창인 와중에 경양방죽을 축조하였을 리는 더욱이 만무하다.

경양방죽이 축조된 것은 임진왜란이 발발하기 얼마 전이었을 가능성이 높은 것으로 판단된다. 앞서 거론하였듯이 임진

29) 1910년대의 지적원도에 의하면 경양방죽은 그 넓이가 65,418평(216,259㎡)이었다고 한다(정의행, 「경양방죽의 역사」, 20쪽).

30) 같은 시기인 1602년(宣祖35)에 宣川郡守 姜絅은 30리에 이르는 물길[水道]을 開鑿해서 농민에게 혜택을 준 공을 인정받아 通政大夫로 昇資되었다고 한다(『宣祖實錄』 149 宣祖 35년 4월 辛酉). 당시와 같은 逆境에 수로를 뚫는 거와 같은 일이 매우 특수한 사례였기 때문이라는 평인데(李光麟, 『李朝水利史硏究』(韓國硏究叢書 8), 韓國硏究圖書館, 1961, 20~21쪽), 만일 그러한 시기에 경양방죽과 같은 대규모 수리시설을 신축하였다면 그 공로는 훨씬 크게 인정받았을 터이며 실록에도 관련된 내용이 수록되었을 법하다. 한데도 관련 기록이 전무함은 물론이다. 姜絅의 경우에 비추어 이례적이라 여겨지거니와, 이 또한 경양방죽이 임진왜란 직후인 1602년 즈음에 신축되지 않았음을 보여주는 방증이 아닌가 한다.

왜란 이전의 조선전기 자료에서는 경양방죽이 쉬이 찾아지질 않는다. 그러다가 전란 직후라 할 1602~1604년의 기록에서 비로소 경양방죽의 존재가 드러난다. 따라서 전란 중 내지는 그 직후에 조성된 게 아니라면, 경양방죽은 임진왜란에서 그리 멀지 않은 이전의 어느 시기에 수축된 것일 수밖에 없다. 조선전기의 자료에 경양방죽이 나타나지 않는 점에 비추어, 경양방죽은 전란이 일어나기 바로 얼마 전에 수축된 것으로 간주함이 온당한 듯 여겨진다.

임진왜란 이전 아마도 그 발발에서 그리 멀지 않은 어느 시기에 경양방죽이 수축되었을 가능성에 무게를 두고자 한다. 아니더라도 임진왜란 즈음이면 벌써 그 자리에 규모의 차이는 있을망정 저수지는 존재했을 터이며, 기왕의 그러한 시원형始原型 경양방죽이라 할 저수지를 바탕으로 전란 이후 언젠가 개·보수 혹은 확장되면서 경양방죽이 제 모습을 드러냈을 가능성까지 아울러 상정해두는 게 온당한 자세인 듯 여겨진다.

다음은 그와 같은 왜란 이전의 경양방죽 내지는 그 시원형 저수지의 존재 가능성을 보여주는 기록이다.

> 관리官吏로 오래 머물러 내 고향이나 같거늘
> 관청 일 한가하니 말의 무리도 비슷하구려
> 들녘과 언덕이 구불구불 마을을 감싸는데
> 정자며 연못[沼]이 높아가는 숲과 마주하였네[31)]

고경명高敬命(1533~1592)이 경양역 찰방인 국보國保의 청에 따라 지은 '경양모정景陽茅亭'이라는 시의 일부이다. 경양역의 정자와 함께 연못이 언급되어 주목된다. 시에 나오는 정자 곧 경양모정은 경양찰방인 국보가 경양역 부근에 세웠다는 향벽정香碧亭을 가리키려니와,[32] 여기의 '향香'은 꽃 아마도 연꽃을 그리고 '벽碧'은 연못의 푸른 물을 상징하는 듯 여겨진다. 경양역 부근에, 향기로운 연꽃을 품은 연못이, 비탈져 높아가는 숲 우거진 언덕 아마도 경양대景陽臺를 마주하고 펼쳐진 가운데, 그 경관을 즐기고자 세워진 경양모정 즉 향벽정이 그려진다. 경양역 가까이에 연꽃이 자라는 연못이 존재하였음을 전하는 바, 이 연못이 경양방죽 내지는 최소한 그 시원형의 저수지에 해당하지는 않을까 여겨진다.

잘 알려진 대로, 고경명은 임진왜란 당시 금산싸움에서 전사한 의병장이다. 위 '경양모정景陽茅亭'이 임진왜란 이전의 작품임을 확인시켜주거니와, 나아가 거기에 등장하는 경양방죽 내지는 그 시원형으로 상정되는 저수지가 마찬가지로 전란 이전에 벌써 존재하였을 것임을 헤아리게 한다. 임진왜란이 발발하기 얼마 전 아마도 그에서 그리 멀지 않은 어느 시기 즈음이면, 경양방죽 내지는 최소한 그 시원형이라 할 저수지가 경

31) 客久同吾土 官閑似馬曺 郊墟紆井邑 亭沼面林皐 頓覺襟靈爽 深嗟意匠高 紛紛坐馳者 終歲不知勞 (『霽峰集』 2 景陽茅亭 國保請賦 時爲察訪)

32) 久厭輪蹄鬧 頻驚歲月奔 有亭供嘯傲 無物惱襟魂 不獨賓毋忘 能令馬大蕃 新知輪老子 莫怪淚河飜 (『霽峰集』 8 贈國保別 (夾註: 國保構小亭於驛傍 名日香碧))

양역 가까이에 자리하였음을 확신케 하는 대목이다. 위의 조팽년이 1602~1604년에 지은 시문詩文에 등장하는 경양제景陽堤는, 그러므로 전란 이전에 그처럼 축조된 경양방죽 내지는 그 시원형이라 할 저수지를 지칭한 것이거나, 혹은 그것을 바탕으로 전란 뒤에 개·보수 내지 확장되어 재탄생한 수리시설이었음이 거의 분명하다 할 것이다.[33]

---

33) 그런데 여기에서 의문이 드는 것은 그와 같은 경양방죽의 수축 사실을 왜 기록에서는 찾아볼 수가 없을까 라는 점이다. 조선시기에는 저수지나 보와 같은 수리시설을 새로이 수축할 적이면 守令이 啓聞하거나 혹은 堤堰司에 보고하는 게 의무였다(『經國大典』 2 戶典 田宅, 『續大典』 2 戶典 田宅). 경양방죽도 그에서 예외였을 까닭이 없다. 그 수축과 관련된 자료가 중앙이나 광주 지역사회에 일부라도 전하는 게 자연스러워 보인다. 하지만 이제까지는 경양방죽에 관한 기록의 존재 여부마저 오리무중이다. 그리 된 사정이 궁금하다.

우선, 신축한 저수지가 중앙이나 지역사회의 관심을 받을 만한 존재가 아니었을 가능성을 상정할 수가 있음직하다. 그 규모라든지 기타 이유에서 중요성을 인정받지 못해 기록을 남기지 못했으리라는 가정이다. 나아가 한편으로는 그보다 임진왜란의 소용돌이 속에서 관련 기록이 사라졌을 가능성에 좀 더 무게를 두는 편이 어떨까 싶기도 하다. 戰禍로 허다한 文籍이 불타 없어졌으며, 그리하여 『宣祖實錄』을 편찬하면서도 자료가 부족해 애를 먹었음을 상기할 일이다(吳恒寧, 「≪宣祖實錄≫ 修正攷」, 『韓國史研究』 123, 2003, 59쪽). 경양방죽의 신축과 관련된 자료 역시 戰禍를 입어 사라졌을 가능성을 무시하기 어려우며, 게다가 임진왜란의 발발에서 그리 멀지 않은 시기에 경양방죽이 신축되었기에 그것을 대상으로 삼은 詩文도 거의 전하지 못하게 되지는 않았을까 헤아려진다.

한편 그처럼 관련 기록이 전하지 않기에 김방의 경양방죽 수축설이 한층 힘을 받고 널리 유포되었을 것임도 또한 놓치지 말아야 할 것이다. 근거할 만한 자료가 전하지 않는 만큼 경양방죽의 수축을 둘러싼 허다한 억측이 난무하였을 테고, 그러는 속에서 김방이 수축했다는 설화가 생겨나 차츰 자리를 잡아갔던 듯 여겨진다.

김방은 벽골제를 수리한 관료로 실록에 등장하는 등 제언의 수축 내지 개·보수의 전문가로 이름이 난 인물이었다. 게다가 그는 광주의 유력 가 경양방죽 내지는 그 시원형으로 상정되는 저수지가 임진왜란이 발발하기 얼마 전, 아마도 그에서 그리 멀지 않은 어느 시기쯤이면 벌써 경양역 가까이에 자리하였을 것임을 검토하였다. 대략 16세기 후반 즈음에 경양방죽이 축조되었을 가능

문인 光山金氏 출신이기도 하였다. 광주를 상징하는 대형 저수지를 수축하기에 다시없는 적임자였을 법하거니와, 나아가 그와 같은 인물을 배출한 광산김씨로 하여금 지역사회를 주도하는 유력 가문으로서의 지위를 한층 굳건히 하는 데에도 김방의 경양방죽 수축설은 크게 도움을 주었을 듯 여겨진다. 실제로 日帝初의 한 자료에 따르면, 당시 지역민들은 경양방죽을 수축한 것으로 전하는 김방의 공덕을 자못 칭송하는 분위기였다고 한다. 김방의 경양방죽 수축설을 전하는 가장 오래 된 현전 기록에 그러한 사실이 특기되어 전한다(『水利에 關한 舊慣』(水利ニ關スル舊慣), 1913). 김방의 경양방죽 수축설이 유력 가문으로서의 광산김씨의 권위를 한층 드높이는 데 유용하였으리라는 앞서의 추정이 반드시 무계한 것만은 아님을 반증하는 자료가 아닐 수 없어 보인다.

1930년으로 들어설 즈음 일제는 경양방죽을 메워 비행장 내지는 일본인의 주거지 등으로 이용하고자 획책하였다. 그리하여 촉발된 게 지역사회의 경양방죽 보존운동이었거니와(『景陽방죽의 歷史』, 81~84쪽), 반일감정을 등에 업은 이 운동이 번져가면서 지역민 사이에 경양방죽을 향한 관심이 높아져 갔다. 그리고 그와 함께 김방의 경양방죽 수축설이 널리 유포되며 자리를 잡아 갔다. 그 무렵의 저술에(『光州郡史』, 1933) 김방의 경양방죽 수축설이 비로소 朝鮮前期 世宗代의 일로 정리되었으며, 또한 앞서 舊韓末을 전후한 어느 때 경양방죽을 浚渫할 적에 당시 김방의 후손이 돈을 기부해 일조하였다는 傳言이 함께 기록되었던 데서 짐작할 수가 있는 일이다. 抗日意識의 발로에서 경양방죽 보존운동이 전개되는 사이 자연스레 김방의 경양방죽 수축 설화가 뿌리를 내렸고, 더불어 지역민의 경양방죽을 향한 연고의식도 강화되어갔던 듯 여겨지는 것이다.

그러던 중 해방을 맞이하고 뒤이어 도시화가 진행되면서 1968년 들어 경양방죽이 완전히 사라질 즈음 김방을 현창하는 저술이 간행되었다(『景陽방죽의 歷史』, 1968). 경양방죽이 소멸되는 위기에 당하여 김방의 경양방죽 수축설을 뒷받침하는 전승이 한층 확대 재생산되기에 이른 셈이었다. 오늘날 김방의 세종대 경양방죽 수축설이 움직일 수 없는 사실인 양 지역민의 뇌리에 깊이 새겨지게 된 것은 위와 같은 과정을 거쳐서였을 것으로 짐작된다.

성을 헤아려봄 직하거니와,[34] 그러기에 이른 경위는 이제 자리를 바꾸어 살피도록 하겠다.

Ⅲ. 수축의 경위

경양방죽을 처음 축조하고자 나선 이는 누구였으며, 또 그 이유는 무엇이었을까. 경양방죽이 수축된 것은 당초 민간이 아닌 관官의 주도 아래에서의 일이었던 것으로 보인다. 이 저수지가 조선시기에 국유 내지는 공유의 수리시설이었으리라는 점에서 그처럼 판단된다. 설화에는 경양방죽이 민간에 의해 조성된 민유民有의 수리시설이었던 양 전한다. 광주의 부호였던 김방金昉이 자기 소유의 농지農地를 제공해 주민들로 하여금 그곳에 저수지를 굴착하게 해서는 공유하도록 큰 덕을 베풀었다는 것이다. 김방의 경양방죽 수축설에 관한 가장 이른 기록에 나오는 내용이거니와, 그리하여 이 자료에서는 경양방

34) 만일 경양방죽의 始原型이 먼저 축조되었고, 그것을 바탕으로 임진왜란 얼마 전 혹은 전란 뒤 개·보수 내지 확장되어, 景陽堤·景陽堰 혹은 景陽防築과 같은 景陽이라는 명호를 지닌 수리시설 곧 우리에게 익숙한 경양방죽으로 자리매김 되는 과정을 거쳤다면, 앞서의 始原型 저수지는 조선 초기인 太宗·世宗代 내지는 그보다 훨씬 전에 벌써 축조되었을 가능성도 배제하기 어려워 보인다. 다만 그처럼 始原型 저수지가 오랜 기간 존속해 왔다고 하라도, 景陽이라는 명호 아래 널리 알려져 익숙한 대형 저수지 곧 현재의 우리가 기억하는 경양방죽은 임진왜란 얼마 전 혹은 늦어도 임진왜란 직후 이래 그 곳에 자리해 왔으며, 이 글에서 다루고자 하는 대상도 바로 그 경양방죽임을 놓치지 말아야 할 것이다.

죽을 '민유民有'의 '공유제언共有堤堰'에 속하는 사례로 분류하였다. 일제초기에 중추원의 조사로 이 자료가 제작되던 당시(1913) 경양방죽이 그 몽리蒙利 농지農地를 경작하는 농민의 공동소유였으며, 그리하여 조선시기 이래로 아니더라도 최소한 구한말 이래로 그러하였을 것임을 전하는 셈이다.[35] 그런데 같은 자료의 또 다른 곳에서는 그와 달리 '전라남도 광주군 경양제全羅南道 光州郡 景陽堤' 즉 경양방죽을 민유제언民有堤堰이 아닌 관유제언官有堤堰의 사례로 제시하여[36] 혼란스럽다. 동일한 자료에서 경양방죽의 소유권을 두고 '민유民有' 혹은 '관유官有'로 상반되게 파악한 셈이거니와, 어느 쪽이 옳은 것인지 갑자기 판단하기가 쉽지를 않다. 한편 같은 시기에 작성된 지적원도(1915)에는 경양방죽이 "서방면 풍향리 574번지 국가소유의 지池"로 나타난다고 한다.[37] 경양방죽이 일제초기에 국가의 소유였음을 명시해 전하거니와, 그것이 조선시기 이래 본시 국유의 수리시설이었음을 암시하는 듯 여겨진다. 경양방죽이 민

35) 국사편찬위원회 한국사데이터베이스 일제강점기, 『水利에 關한 舊慣』(水利ニ關スル舊慣, 大正 2년, 1913), 제2장 수리시설의 종류 및 성질, 제1관개용 시설, 甲 堤堰, 3 소유관계에 따른 구별, 2) 民有堤堰, (1)共有堤堰. 여기의 『水利에 關한 舊慣』이 舊韓末의 상황을 반영해 작성된 것으로서 그 축조 당시와는 時差가 크지만, 각 水利施設의 개발 내력에는 示唆하는 바가 많으리라고 한다(李泰鎭, 「16세기 川防(洑)灌漑의 발달」, 『韓國社會史研究』, 知識産業社, 1986, 213쪽, 註 69).

36) 『水利에 關한 舊慣』, 제5장 감녹 및 관리, 제2 개설 및 수축, 乙 관리, 1 官有堤堰의 관리, 3) 蒙利者, (1) 堤堰監考의 선정.

37) 김희태, 「조선시대 기록을 통해 본 광주 경양지(景陽池)」, 43쪽. 광주시립민속박물관, 『경양방죽과 태봉산』, 2018, 88쪽.

간이 아닌 관의 주도 아래 수축되었을 것임을 헤아리게 하는 대목이다.

조선시기에는 수리시설이 상당 부분 국·공유에 속하였으며, 대형 제언堤堰의 경우 더욱이 그러하였다고 한다.[38] 소규모의 수리시설을 제외하고는 조선시기에 경양방죽과 같은 대규모 저수지를 개인의 주도로 축조해서 사유私有한 사례는 찾아보기가 어려울 것임을 전한다. 경양방죽이 본시 국·공유의 수리시설이었을 것임을 거듭 일깨워주거니와, 근대에 들어 행정관서에서 두 번에 걸쳐 경양방죽을 메워 주거지 등의 용도로 민간에 매매하였던 것도 그러한 증거라 할 것이다. 경양방죽이 민유民有내지 사유私有가 아닌 국·공유의 수리시설이었기에,[39] 개인이라든지 혹은 민간의 공동체 등에게서 매입하는 절차를 따로 거치지 않은 채 행정관서에서 그처럼 자의로 처분할 수가 있었을 터이다.

경양방죽은 조선시기 이래로 국유였거나 아니더라도 최소한 민·사유가 아닌 공유의 수리시설이었음이 거의 분명하다. 나아가 그처럼 국·공유의 수리시설이었던 만큼, 그 수축도 민간이 아닌 관의 주도 아래 이루어진 것으로 이해함이 온당해

---

38) 李光麟, 『李朝水利史硏究』(韓國硏究叢書 8), 韓國硏究圖書館, 1961, 63~64쪽.

39) 광주시의 공고문(光州市公告 第二二○一號)에서는, "다음 表示 市有財産(景陽埋立地)을 … 買收 希望者에게 … 隨意契約으로 賣却하겠음을 玆以 公告함. 1968년 7월 12일 光州市長 張炯泰 …"(金洪三, 『景陽방죽의 歷史』, 109~110쪽)에 나오는 바와 같이, 경양방죽 메운 땅을 '市有財産'이라 명기하였다.

보인다. 조선시기에는 저수지를 새로 수축하려면 장계를 올려 국왕에게 아뢰거나 혹은 제언사堤堰司에 보고하는 게 원칙이었다.[40] 그런 다음 수령이 널리 고을의 여론을 모아 지역사회의 유력자를 선임해서는, '제언감역관堤堰監役官'과 같은 명칭의 직임을 맡겨 저수지를 수축하는 역사役事를 이끌도록 규정이 마련되었다.[41] 또한 다른 자료에는 수령이 동洞마다 '권농관勸農官'을 차정差定해서 제언의 축조라든지 수리 등을 담당하도록 시키었음도 전한다.[42] 저수지를 수축하는 일이 지방관 그 중에

40) · 堤堰 守令每歲春秋 報觀察修築 新築處啓聞 (『經國大典』 2 戶典 田宅)
· 凡洑堤新築 許民來訴 守令親審 果是衆民蒙利處 論報堤堰司後 該邑守令出力助役 (『續大典』 2 戶典 田宅)

41) · 戶曹啓 大典只載堤堰修築之法 而不能修築者無罰 故守令慢不致意 多至缺毁 請自今不堅築者 守令則降資 該吏·監考則全家徙邊 (『世祖實錄』 37 世祖 11년 11월 10일 甲寅)
· 賑恤廳啓曰 … 一 凡各處防川之地 不爲不多 而苟不相地之宜 順水之勢 隨防隨決 以致不績 則此時民力 萬分可惜 極是可慮 如此之事 必須極擇人才而任之 乃可有成無敗 昔胡安定 湖學置水利齋 以敎一人 此正學者事也 守令廣詢境內人才 勿論前朝官·生進·儒生 必擇有計慮智能之人 使之專管董來 監司則亦須廣詢道內 必得其才 分送各處 皆以堤堰司監役官 稱號望定 啓聞官給粮饌 至如品官閑散中 苟有解事有才之人 可堪爲此任者 則皆當拔出任使 以責成效 … (『備邊司謄錄』 22冊 顯宗 3년 1월 26일)
· 司啓辭 堤堰節目 … 答曰知道 堤堰節目 … 一 監考監官之名 自前有之 而近來堤堰之政 擔閣已久 徒存其名 實無其效 當此申明舊制之日 不可如前苟充 各邑守令 博詢境內 毋論前朝官·生進·校·儒生 必擇有計慮幹事功之人 專管此役 而道臣亦爲廣求可堪之人 分送各邑 以爲董成之地爲白乎旀 同姓名成冊 報于本司 以堤堰監役官稱號 成送帖文 官給糧饌 而其中功勞最著 利澤廣被者 別爲啓聞論賞爲白齊 (『備邊司謄錄』 159冊 正祖 2년 1월 13일)

42) 李光麟, 『李朝水利史硏究』, 46~50쪽.
· 每歲正月 各洞差出勸農官 一歲農政 預爲區劃於未及耕耘之前 而救旱之術 莫先於水利 古堤之頹廢者 及小小陂塘之稍能儲水處 皆令本洞民 先期修治

서도 대체로 수령의 주도 아래, 조정의 승인을 거쳐 지역사회를 동원하는 방식으로 추진되었음을 알려준다. 제언이 온전치 못했을 경우 수령을 비롯해서 담당 리吏라든지 감고監考 등에게 책임을 물어 처벌토록 한 것도,[43] 그 수축이 관의 주도 아래 이뤄졌음을 반증한다 할 것이다.

조선시기에 대형 저수지와 같은 규모가 큰 수리시설은 대개 국·공유로서, 수령으로 대표되는 관의 주도 아래 수축되는 게 일반적이었다. 당시의 법규라든지 관습이 그러하였다. 경양방죽도 또한 그에서 예외가 아니었을 것임은 물론이다. 민간이 아닌 관의 주도 아래 공공사업으로 추진되어 완성을 보았을 터이다. 따라서 경양방죽의 수축에는 지역 주민의 노동력 동원이 필수적이었을 법하다. 태종대의 김제金堤 벽골제碧骨堤 수축이라든지 세종대의 고부古阜 눌제訥堤 수축에서도 그러하였거니와,[44] 그리하여 제언 등의 수리시설을 수축할 적이면 몽리蒙利 농민農民과 함께 규모에 따라서는 고을 전체 내지 이웃 고을의 주민이라든지 군인軍人과 승려僧侶 및 공사천公私賤까지

若役事浩大處 則告官發民修治 (朝鮮民政資料 牧民篇)

· 爲守令者 當依法典 各洞置勸農官一人 擇富貴勤幹者差之 除他繇役 使之專意農務 官與之約曰 … 堤堰之合築者 預先築之 溝渠之合修者 及時修之 如有不能 則汝有重罰 列書約條 使勸農官著書 依捧招例藏之 考其勤慢 行勸懲之政 … (같은 책)

43) 위 註 41)의 『世祖實錄』 37 世祖 11년 11월 10일 甲寅 사료를 참조하라.

44) 『新增東國輿地勝覽』 33 金堤郡 古跡 碧骨堤. 『太宗實錄』 30 太宗 15년 8월 1일 乙丑, 같은 책 10월 14일 戊寅. 『世宗實錄』 3 世宗 元年 2월 25일 庚子

동원하였다는 지적을 상기할 일이다.45) 경양방죽의 축조 역시 그러한 방식으로 이뤄졌을 것임을 헤아리게 하는 대목이다. 광주목사光州牧使와 같은 수령의 주도 아래, 전직前職 관료官僚라든지 유생儒生이나 교생校生과 같은 지역사회의 유력자에게 '제언감역관堤堰監役官' 등의 명호를 주어서는, 주민 등을 동원해 수축토록 하는 과정을 거쳤을 것으로 추정된다.

경양방죽은 산간 계곡이 아닌 평지에 들어선 저수지였다. 무등산 자락의 너른 들녘에 긴 제방을 축조해 조성하였다. 또한 경양방죽은 광주의 치소治所 바로 곁에 위치하는 수리시설이기도 하였다. 광주읍성光州邑城의 해자垓字를 물길로 이용해서 광주천光州川의 물을 저수지로 끌어들일 만큼, 읍치邑治와 곧장 연결되는 곳에 자리하였다. 그 크기도 당대 호남에서 손꼽힐 만큼 넓었다고 이르거니와, 말하자면 경양방죽은 관官의 주도 아래 광주 치소의 들녘 평지에 조성된 이름난 대형 저수지였던 셈이다. 앞서 검토하였듯이, 경양방죽은 16세기 후반즈음에 수축되었던 것으로 판단된다. 그러한 시기에 광주관아에서, 읍성과 연결되는 무등산 자락의 넓은 들녘 평지에, 경양방죽처럼 손꼽히는 규모의 커다란 저수지를 축조하고자 나선 의도가 무엇이었는지 궁금하다.

전통시기에 저수지와 같은 수리시설을 수축하는 일차적 목표가 관개灌漑에 있다 함은 두 말할 나위가 없다. 기왕의 논에

45) 李光麟, 같은 책, 50~63쪽.

물을 대는 것과 함께 물길이 닿는 곳을 새로이 논으로 개발하며, 홍수를 조절하고 가뭄에 대비하기 위함이었다. 그밖에도 저수지에서의 고기잡이라든지[46] 연밥[蓮實]의 수확과 같은 경제적 유용성이 거론되는가 하면,[47] 방죽의 둑길을 도로로 이용하는 편리함이나 주민 휴식공간으로서 풍치 경관의 기능, 나아가 풍수적風水的 측면에서의 비보裨補의 효능을 거론하는 경우도 심심찮게 나타난다.

경양방죽이라고 해서 그와 달랐을 까닭이 없다. 경양방죽이 광주의 들녘을 적시는 것은 물론 광주천光州川의 조탄보棗灘洑와 물길로 이어져 가뭄에 대비하고 홍수를 조절하는 데 기여하며, 또한 휴식 공간으로서 경관 풍치의 기능과 함께 대형 화재시 소화수消火水로서의 역할도 이 방죽에게 기대된다는 지적이 그것이다. 1937년 들어 다시 불거진 바, 일제日帝의 경양방죽을 메워 없애려는 책동에 반대하는 지역 유지들의 진정서陳情書에 거론된 사항들로서, 그리하여 경양방죽이 광주의 상징으로서 주민 사이에 깊이 뿌리내린 역사적 존재임이 강조되었던 것이다.[48] 나아가 위의 사항들에 더하여 경양방죽이 광주光州

46) 前判原州牧使禹希烈 上書請築堤堰 一 若歲大旱 但望雨澤 未有潴水之備 坐視熯乾 以失農業 深爲未便 伏望相其宜處 多築堤堰 以資灌漑 兼以養魚 以備國用 (『太宗實錄』 17 太宗 9년 3월 22일 乙丑)

47) … 茶山筆談云 … 凡陂塘所在 宜建精舍五六間 以爲書齋 募得廉幹之士 立之爲村夫子 … 與之監守 以種芙蕖 以養魚鼈 其蓮子魚鱻 咸定官價 凡公私貿易 咸酬其直 … (『與猶堂全書』 5집 『牧民心書』 11 工典 6조 제2조 川澤)

48) 金洪三, 『景陽방죽의 歷史』, 81~84쪽.

의 화기火氣를 누른다는 등 풍수비보적風水裨補的 측면에서의 막연한 기대감이라든지,[49] 또는 낚시를 하고 그물을 드리웠던 장소로서의 회고담도 늘 빠지지 않거니와,[50] '절양도折楊道'라 일컬어졌다는 경양방죽 둑길이 지닌 도로로서의 효용성도 또한 잊어서는 안 될 것이다.[51]

경양방죽을 축조한 목적이 전통시기의 다른 저수지와 매일반이었을 것임을 살폈다. 크게 달랐을 까닭이 없거니와, 다만 경양방죽의 수축이 조선시기 수리시설 개발의 일반적인 추세와 다소 어긋나는 듯 보인다는 점에서, 한편으로 주의를 요하는 부분이 없지 않다. 조선왕조에서는 처음 수리시설의 확충에 나서면서, 주로 저수지[제언堤堰]를 신축하거나 개·보수하는 데 힘을 쏟았다고 한다. 태종대에 들어 저수지에 관심을 보이며 그 개발에 착수한 이래, 세종대를 거쳐 대략 세조대 무렵까지 약간의 기복은 있었지만 그러한 추세가 이어졌다는 것이다. 그런데 한편으로는 세종대 후반에서 문종대 즈음이면 벌써 저수지에 집중된 수리시설의 개발이 한계에 부딪쳤으며,

---

49) 정의행, 「경양방죽의 역사」, 11~12·17~20쪽. 광주시립민속박물관, 『경양방죽과 태봉산』, 2018, 40~42쪽.

50) 김무진, 「말구루마와 경양방죽 이야기」·「나의 놀이터 경양방죽」, 『경양방죽과 마을사람들』, 92~93쪽.

51) 경양방죽의 둑길이 州樓 즉 光州의 折楊樓로 이어짐으로 해서 붙여진 명호이다. "… 則捐俸鳩材搆別堂 不多時訖工 而不侈不陋 其占勢殊爽塏 遠挹平蕪蕪 外州郭隱隱 仰焉瑞石山蒼然聳空 而大陂池豬其前 池植芙蕖萬朶 亘以長堤蔭 喬樹累千株 直接州樓 折楊道是堤者 六月冷然善也 …" (『東江遺集』 10 滌襟堂記) 여기의 절양루는 곧 拱北樓의 옛 이름이다.

그리하여 하천수를 이용하기 위한 천방川防 즉 보洑의 개설로 점차 관심이 옮겨갔다고도 한다. 저수지에 의지한 전통적인 관개 방식은 15세기 후반 즈음 절정에 달했으며, 15세기 후반 이후 천방(보)을 이용한 관개가 보급되기 시작하여 16세기에는 수리시설의 개설이 천방 중심으로 전환되는 추세였다는 것이다.[52] 그와 함께 15세기까지는 고을의 치소治所를 중심으로 그와 연결된 구릉과 평야지대에서 진행되던 수리시설의 개발이 16세기 들어 읍치邑治와 떨어진 외곽지역으로 그 중심을 옮겨갔으며, 더불어 16세기에는 사족층士族層이 고을의 그러한 외곽으로 이주하면서 치소와 떨어진 향촌에 각각 터전을 잡고 그 족세族勢를 넓혀 나가는 추세였다고도 한다.[53]

조선왕조의 개창 이후 수리시설의 개설이 고을의 치소 일원에 주로 저수지를 수축하는 방식으로 추진되던 것이, 15세기 후반을 지나면서 점차 치소를 벗어난 외곽 향촌에 천방을 축조하는 방향으로 변화해갔음을 알려준다. 그리하여 16세기에 들어서는 그러한 추세가 자리를 잡았다 이르거니와, 더불어 16세기 이후 그처럼 고을의 치소에서 벗어나 외곽에 조성되던 수리시설이 대체로 관官이라기보다는 향촌에 터를 잡은 사족

52) 李光麟, 『李朝水利史研究』, 15~20쪽. 李泰鎭, 「16세기 川防(洑)灌漑의 발달」, 『韓國社會史研究』, 知識產業社, 1986, 189~193·198~212쪽. 李泰鎭, 「朝鮮 初期의 水利政策과 水利施設」, 『李基白先生古稀紀念 韓國史學論叢』(下), 1011~1077쪽.

53) 金盛祐, 「조선시대 慶尙道 大丘의 지역개발과 농업구조의 재편」, 『大東文化研究』 59, 2007, 313~332쪽.

층士族層의 주도 아래 이뤄졌음을 헤아릴 수가 있기도 하다.[54]

따라서 16세기 후반 즈음 내지는 늦어도 1604년 이전에, 관의 주도로 경양방죽과 같은 대형 저수지를 광주읍성과 이어지는 들녘에 수축한 것은, 조선시기 수리시설 개발의 일반적인 흐름에 비추어 다소 이례적이라 일러 지나치지 않아 보인다. 16세기 들어 읍치와 떨어진 외곽지역에서 사족층의 주도 아래 저수지보다는 천방을 중심으로 소규모 수리시설이 개설된다고 하는 추세에서 벗어난 듯 보여 눈길을 끈다. 그만한 곡절이 없었을 리 없으며, 아마도 광주지역 나름의 독특한 사정이 개재되었을 법하다. 그러한 시기에 관의 주도 아래 읍치의 들녘에 대형 저수지를 축조해야만 했던 이유가 궁금하거니와, 다른 저수지와 구별되는 경양방죽 나름의 수축 배경 내지는 경양방죽을 수축하면서 기대했음 직한 효과 등을 검토하는 작업이 필요해 보인다.

경양방죽의 수축 배경과 관련하여 우선 눈길이 가는 건, 이 수리시설의 운영 보존이 광주읍성光州邑城과 무관치 않았다는 사실이다. 광주읍성을 휘감아 도는 해자垓字 내지는 봇도랑이 있었는데, 그것이 경양방죽으로 이어져 물을 대는 물길[水路]의 역할을 하였음을 이른다. 경양방죽은 그 규모에 비해 수원水源이 빈약했다고 한다. 그리하여 광주천에 조탄보棗灘洑를 축

54) 金盛祐, 같은 논문, 332쪽. 16세기 川防 灌漑의 발달이 士林系에 의해 주도되었으리라는 지적도(李泰鎭, 「16세기 川防(洑)灌漑의 발달」, 212~217쪽) 그와 별반 다르지 않은 의미일 터이다.

조해서 그 물을 경양방죽으로 끌어들였는데,[55] 광주읍성 아래로 굴착한 봇도랑(해자)이 보와 방죽을 이어주는 물길의 역할을 하는 구조였던 것이다.

광주읍성 내지는 그 해자가 조성된 시기는 명확하지 않다. 광주읍성이 처음 기록에 등장하는 것은 『세종실록』의 지리지에서이다.[56] 그런데 같은 지리지에 수록된 나주羅州와 보성寶城의 읍성邑城이 태종대에 축조되었음에 비추어,[57] 현재의 광주읍성 유적도 또한 비슷한 시기에 수축되어 전해지는 것으로 이해들을 하는 게 보통이다.[58] 한편 광주읍성이 축조되던 당시 해자가 함께 굴착되었는지 여부는 알려진 바가 없다. 다만 조선말기의 읍지 중 하나에, 광주읍성의 해자 내지는 그와 유사한 역할을 하였음 직한 봇도랑의 존재를 암시하는 기록이 유일하게 전해져 눈길을 끈다. "읍성은 석축石築이다 … 밖으로 탱자나무 숲과 장구長溝가 있다"는 기록이 그것이다.[59] 사

55) 정의행, 「경양방죽의 역사」, 18~20쪽.

56) 邑石城(夾註; 周回九百七十二步) (『世宗實錄』 151 地理志 全羅道 茂珍郡)

57) 城羅州及寶城 (『太宗實錄』 8 太宗 4년 10월 1일 己巳朔)

58) 光州市民俗博物館, 『光州邑城』, 1997, 12~17쪽. 光州邑城이 처음 축조된 것은 대략 고려시기의 어느 때 늦어도 그 말엽 즈음이었을 것으로 추정되며, 조선 초기에 改·修築한 光州邑城이 현재의 遺蹟으로 이어지는 듯 여겨진다(양해웅, 「조선시대 전라도 읍성의 체성 축조방법」, 『歷史學研究』 71, 2018, 33~39쪽).

59) 邑城 石築 周八千二百五十三尺 高九尺 內有百井 外有枳林長溝 (『湖南邑誌』(奎12175) 7冊 光州邑誌 城池)
이 『湖南邑誌』는 1871년에 편찬되었는데, 그 중 '光州邑誌'는 1870년경의 상황을 반영한 것이라고 한다(이기봉, 「『全羅道邑誌』 1권~6권 해설」, 『全羅道邑誌』 三(서울大奎章閣 編), 2003, 26쪽).

료에 등장하는 '장구長溝'의 '구溝'는 '봇도랑' 혹은 '해자'의 어느 쪽으로도 번역이 가능하다. 조선말엽에 탱자나무 숲과 함께 해자 내지는 그와 유사한 역할을 하였을 것으로 추정되는 긴 봇도랑이 광주 읍성의 외곽을 따라 휘감아 돌았음을 알려준다. 조성된 시기는 불명이지만 광주읍성의 전체 내지는 일부를 둘러싼 긴 봇도랑 혹은 해자의 존재가 확인되는 바, 그것이 곧 광주천의 조탄보에서 경양방죽으로 이어진다는 바로 그 물길일 것임은 거의 분명하다.60)

경양방죽이 광주읍성의 해자 내지는 그와 유사한 역할을 하는 봇도랑에 의지해서 광주천의 물을 공급받아 한층 충실하고 안정적으로 운영되었을 것임을 더듬었다. 그런데 조선왕조의 수리시설에서 경양방죽의 사례처럼 저수지를 하천의 보[천방川防]와 물길[수로水路]로 연결해서 수량水量을 확보하는 방식은 그 후기에 들어 주로 사용되었다고 한다.61) 경양방죽이 광주읍성의 해자 혹은 봇도랑을 이용해 광주천의 물을 공급받은

60) 광주읍성의 유적조사에서는 해자 관련 내용이 언급되지 않았거니와(광주시립민속박물관, 『光州邑城』, 1997), 아시아문화전당 조성을 위해 시행한 발굴에서 남문 일대의 해자가 발견되었다고 한다(광주시립민속박물관, 『경양방죽과 태봉산』, 90쪽). 향후 관련 조사를 행할 적에는 읍성의 해자 내지 봇도랑의 존재에 한층 유의함으로써 그 실상을 이해하는 실마리라도 파악할 수 있게 되기를 기대한다.

61) 가령 정조 2년(1778) 1월에 반포된 「堤堰節目」의 제4조에 보의 물을 저수지로 끌어들여 공급하는 방식이 거론되었던 게 그러한 증좌이다(최원규, 「朝鮮後期 水利기구와 經營문제」, 『國史館論叢』 39, 1992, 215쪽. 廉定燮, 「正祖 後半 水利施設 築造와 屯田經營 -華城城役을 중심으로-」, 『韓國學報』 82, 1996, 177쪽).

게, 조선전기를 지나 후기에 가까워지는 시기 내지는 후기에 들어서의 일이었을 것임을 헤아리게 한다.

경양방죽이 광주읍성과의 연계 속에서 한층 효과적으로 기능하였을 것임을 더듬었다. 경양방죽이 광주읍성과도 무관치 않은 가운데 운영되었음을 확인한 셈이다. 그런데 사실 경양방죽은 거기에서 그치지 않고, 나아가 광주고을의 치소治所가 유지 존립하는 데도 자못 중요한 역할을 담당하였다. 경양방죽의 수축을 계기로 광주 읍치邑治의 경제적 기반이 한층 군건해졌을 것으로 예상된다는 점에서 그처럼 판단된다. 경양방죽을 축조하고 더불어 그에 따른 용수의 공급 및 배수를 위한 수로水路를 개설함으로써, 광주 치소의 인근에 새로운 경지耕地가 확보되는 것은 물론 기존 농토의 안정적인 경작이 가능해지고, 더욱이 주민들이 거주하는 취락도 용수 부족이라든지 침수의 위협에서 벗어날 수가 있었을 터이다. 읍치의 들녘에 대규모 저수지가 수축되는 것을 계기로 읍저邑底에 농토와 농민이 집적될 수 있는 환경이 조성되고, 그리하여 광주 치소의 경제적 기반이 한층 공고해지는 효과를 누렸을 듯 여겨지는 것이다.

18세기 말엽에 정조正祖는 화성華城을 수축한 다음 이 새로운 성읍城邑을 경제적으로 넉넉하고 충실한 고장으로 만들고자 고심하였다고 한다. 그리하여 그 인근에 만석거萬石渠라든지 만년제萬年堤·만안제萬安堤·축만제祝萬堤와 같은 수리시설들을 수축하고 그와 연계된 둔전屯田을 설치함으로써, 화성을 유지 운영하는 재원을 마련토록 조치하였던 것으로 전한다.

그처럼 개발된 저수지의 하나인 축만제가 곧 오늘의 수원水原 서호西湖라 이르거니와, 화성 인근에 커다란 저수지들을 수축함으로써 그 성읍을 유지 운영하는 경제적 토대를 구축하려던 게 정조의 계획이었음을 알려준다.[62] 화성의 저수지들과 매한가지로 관의 주도 아래 광주 읍치에 축조되었던 경양방죽이 새삼 주목되거니와, 수축의 시기라든지 규모 및 시행 주체 등에서 양자 사이에 차이가 적지 않지만, 이 저수지를 개설한 의도가 어디에 있었는지를 문득 곱씹게 하는 대목이다.

16세기 후반 즈음 내지는 늦어도 1604년 이전에, 당대의 추세와 어긋남에도 불구하고 관의 주도 아래 읍치의 들녘에 경양방죽과 같은 대형 저수지를 수축하고자 나선 가장 큰 동기는, 무엇보다 광주 치소의 경제적 기반을 굳건히 하는 데 있었다고 믿는다. 읍치에 커다란 저수지를 축조하고 또 수로를 개설하여, 안정적인 수전水田 운영의 기반을 마련함과 동시에 거주 환경의 개선을 도모하며 그리하여 농토와 주민을 집적해 읍저를 활성화함으로써, 고을의 치소를 유지 운영하는 데 필수적인 경제적 토대를 확고히 구축하려는 게 경양방죽을 수축한 제일의 목표였던 듯 여겨지는 것이다.[63]

---

62) 廉定燮, 「正祖 後半 水利施設 築造와 屯田經營 -華城城役을 중심으로-」, 173~174쪽.

63) 한편 그 지척에 위치하는 景陽驛의 경제적 기반을 구축하고자 경양방죽이 축조되었을 가능성도 떠올려 봄 직하다. 『景陽志』(1681 刊 『湖南驛誌』(奎12190) 수록)와 『景陽驛誌』(1871 刊 『湖南邑誌』(奎12175) 光州篇 附載)에 따르면, 그 驛土가 509結(元定位田. 時存 367결 91부 98속) 내지 477결(元

광주지역은 조선초기 이래 재향세력在鄕勢力의 존재가 상당히 도드라진 고장이었던 듯 보인다. 품관品官과 같은 지역 유력자의 발호로 인해 15세기에 들어서만도 읍격邑格을 강등당한 게 두 번에 이를 지경이었다. 세종 12년(1430)에 광주목사가 지역 유력자에게 구타를 당하는 사건이 터졌다. 그러자 조정에서는 고을의 읍격을 목牧에서 군郡으로 떨어뜨려 징벌을 가하였다. 그런데 성종 20년(1489)에 다시 광주목의 판관이 어디선가 날아든 유시流矢에 피격당하는 사고가 발생하였다. 이에 조정에서는 그것 또한 지역민의 의도적 소행으로 의심하여 고을을 목牧에서 현縣으로 격하시켰다.[64] 광주를 이끌던 지역

定位田. 時存 250결 5부)에 달했다고 하므로, 그러한 농지를 경영하기 위해 경양역에서 저수지를 축조 운영했을 가능성이 높아 보이기도 한다. 그러나 驛誌에 언급된 驛土는 경양역 및 그 관할 아래 6개 屬驛 전체의 보유분을 합한 것이다. 경양역이 들어선 광주를 비롯하여 각 역이 위치하는 潭陽·和順·陵州·同福·淳昌·玉果 등에 분산되었을 것으로 예상되는 7개 역토의 전체 結數가 그러했다는 의미인 바, 그 중 광주 일원에 자리하였을 경양역 보유분은 생각처럼 막대하지 않았을 수가 있다. 아울러 경양역의 사정을 자못 상세히 기록한 위의 두 驛誌 어디에도 경양방죽에 관한 내용은 전혀 나타나지를 않는다. 경양역이 경양방죽을 축조한다든지 혹은 그것을 관리하고 운영하는 데 개입했더라면 있을 수 없는 현상이다. 경양방죽의 축조라든지 운영을 경양역과 묶어서 이해하고, 그리하여 이 방죽을 경양역의 경제적 기반과 연결시켜 설명할 만한 근거는 아직 찾을 수가 없다고 하여 그리 큰 잘못이 아닌 셈이다. 또한 그런 만큼 中宗 5년(1510) 무렵의 경양역 승격(『新增東國輿地勝覽』 35 光山縣 驛院 景陽驛) 등을 경양방죽의 수축 한 계기로 상정하여, 대략 15세기 후반에서 16세기 초반 무렵에 경양방죽이 축조되었을 가능성을 떠올리는 것도 현재로서는 다소 조심스럽다 하겠다.

64) … (恭愍王)二十二年 復稱光州爲牧 本朝因之 世宗十二年 邑人盧興俊毆牧使辛保安 杖興俊徙邊 降爲茂珍郡 文宗元年復舊 成宗二十年 判官禹允功中流矢 朝廷疑邑人所爲 降爲縣 改今名 … (新增) 燕山七年復爲州 … (『新增

유력자의 동향에 조정이 매우 민감하게 반응하였음을 보여준다. 중앙의 우려를 자아낼 만큼 광주지역에서 재향세력의 횡포한 양태가 때로 돌출하였음을 반증하는 듯싶거니와, 그리하여 중앙 조정이라든지 고을 수령의 입장에서는 저들 지역 유력자들을 억누르고 관의 주도권을 확고히 할 필요성을 절감하지는 않았을까 헤아려진다.65)

조선시기에 읍저는 고을의 유력자인 사족층과 이해관계에서 거의 얽히지 않은 구역이었다. 16세기 즈음이면 사족들은

東國輿地勝覽』 35 光山縣 建置沿革)

65) 조선왕조에서는 15세기에 수령을 중심으로 각 고을의 권력구조를 재편하고자 하였는데, 그 핵심은 在鄕의 品官層과 鄕吏層을 통제하는 문제였다고 한다(김인걸, 「조선 건국과 지방지배구조의 재편」, 『조선은 지방을 어떻게 지배했는가』(한국사연구회 조선시기 사회사 연구반 편), 아카넷, 2003, 21~41쪽). 당시 문제로 떠오른 在鄕勢力이 품관과 향리층이었다는 뜻이거니와, 광주지역의 경우 횡포를 부리는 등 우선 견제의 대상으로 꼽힌 것은 그 중에서도 품관층이었던 듯 보인다. 15세기 즈음 광주에서 향리가 발호한 사례는 쉬이 찾아지지를 않는 반면에, 품관의 경우 저명한 사례가 전하는 것이다. 光州牧使 辛保安을 구타해 처벌받은 光州人 盧興俊의 경우가 그것이었다. 노흥준은 실록에 '前護軍' 혹은 '前萬戶'로 나타난다(『世宗實錄』 46 世宗 11년 11월 13일 乙卯, 같은 책 47 世宗 12년 3월 26일 丙寅). 계속 목사를 압박하던 그에게 '士夫의 意趣'가 아니라며 만류하였다는 기록도 전한다(같은 책). 그가 品官 내지 士大夫에 속한 인물이었음을 알려주거니와, 노흥준과 함께 처벌의 대상으로 떠오른 光州人 金專도 '前司正'으로서(같은 책) 또한 동일한 계층이었다. 조선전기에 광주 지역사회의 유력한 재향세력으로서, 守令 내지 그로 대표되는 官의 견제 대상이 될 만한 존재로는 향리가 아닌 품관 내지 사족층을 우선 떠올려 마땅하지 않을까 생각하는 것이다. 이후 조선중기로 접어든 16세기 이래 지역사회를 주도하던 士族과 守令의 관계 내지는 士族의 自治權과 守令權의 문제 등에 관해서는, 김현영, 「사족지배체제와 지방지배」, 『조선은 지방을 어떻게 지배했는가』, 85~118쪽 및 심재우, 「수령의 대민지배와 재지사족」, 같은 책, 119~139쪽의 상세한 논의를 참고하라.

벌써 읍치에서 떨어진 외곽지역으로 퍼져나가며 터전을 구축해가는 추세였다. 천방川防 위주의 소규모 수리시설을 수축해 낙후지대를 개발하면서 고을 외곽의 향촌에 그 기반을 마련하는 사족이 늘어갔던 것이다. 한편 읍저는 전통적으로 관의 입김이 매우 강하게 미치는 구역이기도 하였다. 말하자면 경양방죽이 수축되던 16세기 후반 즈음 읍저는 재향사족과의 연고가 약해진 가운데 그만큼 강화된 관의 영향력 아래 놓여 있었으며, 그리하여 사족층과 이해관계에서 거의 얽히지 않은 위치에 경양방죽이 자리를 잡았던 셈이다.

따라서 그러한 즈음에 새삼 광주읍성 아래의 들녘에 경양방죽과 같은 대규모 저수지를 수축하며 읍저를 개발하는 것은, 곧 외곽 향촌에 뿌리를 내린 사족 등 지역 유력자들을 견제하며 나아가 관 우위의 형세를 다지려는 노력에 다름이 아니었다 할 것이다. 사족과 거의 무관한 반면에 관의 영향력이 압도적인 읍저를 개발함으로써, 지역사회에서 관의 주도력이 보다 강해질 것으로 예상된다는 점에서 그처럼 판단된다. 경양방죽이 민간이 아닌 관의 주도 아래 수축되었던 데서도 거듭 그것을 확인할 수가 있거니와, 당시 수리시설 개발의 일반적 추이와 배치되는 듯 보이는 경양방죽의 수축은 그러므로 지역 유력자들을 제어할 필요성이라고 하는 그와 같은 광주지역 나름의 사정 속에서 기획 추진된 사업이었다고 하여 지나치지 않을 듯 여겨진다.

한편 이 무렵 조선사회에서는 널리 장시場市가 확산되어 가는 추세였다고 한다. 15세기 말엽에 장문場門이라 불리며 전라도全羅道 일원에서 처음 열리었던 장시가 16세기 들어서는 모든 도道에 개설되기에 이르렀다는 게 당대의 평가였다. 또한 당시 장시는 소재한 읍邑의 가로街路에서 대략 월月 2~3회 정도씩 열리는 게 보통이었던 것으로도 전한다.[66] 장시가 고을의 치소에서 발생하여 점차 주변으로까지 확산되어갔음을 헤아리게 하거니와, 나아가 장시의 그와 같은 발달은 읍치를 제법 활기 넘치는 도시형으로 변모시켜갔을 듯 여겨진다. 비록 그리 크지 않은 규모였을망정 장시가 개설되는 읍치는 나름대로 물산이 모이는 집결처이자 유통의 중심지로 성장해갔을 터이다. 고을의 치소가 행정은 물론이고 이제 그 경제적 중심지로서의 위상을 굳혀 갔으려니와, 그리하여 자연히 읍치에는 그에 걸맞은 인적人的·물적物的 기반의 확충이 필수적이었을 듯 여겨진다.

16세기 후반 즈음 광주의 관아에서 경양방죽을 수축하고자 나선 것도 그러한 시대적 요청과 무관치 않았을 법하다. 광주 치소의 들녘에 대규모 저수지를 수축하여 경지를 확보하고 경작의 안정을 기하며 더불어 주거 환경을 개선하는 것은 곧 읍저에 농토와 농민의 집적을 가능케 하는 일에 다름 아니며, 그

66) 李泰鎭, 「16세기 韓國史의 理解 방향」, 『韓國社會史研究』, 지식산업사, 1986, 292~293쪽. 李景植, 「16世紀 場市의 成立과 그 基盤」, 『韓國史研究』 57, 1987, 43~57쪽. 李泰鎭, 「16세기 東아시아 경제 변동과 정치·사회적 동향」, 『韓國儒教社會史論』, 지식산업사, 1989, 96쪽.

리하여 읍치의 경제적 기반을 굳건히 다짐으로써 장시의 발달에 따라 요청되는 인적人的·물적物的 기반의 확충이라는 시대적 요청에 부응하는 효과를 기대할 수가 있었을 것이기 때문이다.

경양방죽은 16세기 후반 즈음 내지는 늦어도 1604년 이전에, 관官의 주도 아래 광주 치소의 들녘 평지에 조성되었다. 16세기로 들어서면서, 사족층의 주도 아래 읍치와 떨어진 외곽지역에 천방을 중심으로 소규모 수리시설이 개발된다고 하는 일반적 추세에서 벗어난 사례였다. 광주지역 나름의 사정에 따른 일이었거니와, 경양방죽을 수축함으로써 읍저에 농토와 농민을 집적해 그 기능을 활성화하며 그리하여 읍치의 경제적 토대를 확고히 함으로써, 지역 유력자의 발호를 견제하고 관의 주도권을 확보하는 것과 함께 장시의 발달이라는 조선사회의 변화에 적극 부응하려는 의도에서였다. 그와 같은 지역적 필요성이라든지 사회의 변화에 발맞춰 나가고자, 관의 주도 아래 읍치의 들녘에 경양방죽이라는 대형 저수지를 축조하였던 것이다.

경양방죽이 관개와 같은 저수지 조성의 일반적인 목적에다 읍저 개발을 통한 관 우위의 지역사회 구도 정립이라는 광주지역 나름의 필요성 등이 더해져 축조된 수리시설이었음을 살폈다. 이제 자리를 바꾸어 그처럼 조성된 경양방죽의 관리와 운영을 더듬도록 하겠다.

Ⅳ. 관리와 운영

경양방죽은 관의 주도로 수축된 국유 내지 공유의 수리시설이었다. 경양방죽을 관리하고 운영하는 최종 책임이 민간이 아닌 관에 있었을 것임을 헤아리게 하는 대목이다. 조선시기에 국·공유의 수리시설은 제언堤堰이나 보洑[천방川防]를 막론하고 제언사堤堰司가 관리하였으며, 실제로는 수리시설이 소재하는 고을의 수령이 그 관리 책임을 담당하였다는 지적을 떠올리면 되는 일이다. 한편 수령도 수리시설을 직접 관리한 것은 물론 아니었다. 향리鄕吏나 면임面任 등을 권농관勸農官으로 임명하여 그 관리를 책임지도록 하였으며, 최종적으로는 각 수리시설마다 그 관리와 운영을 전담하는 감관監官과 감고監考를 두어 관련 업무를 처리하도록 시키는 게 일반적이었던 것으로 전한다.[67]

경양방죽도 대략 그와 비슷한 방식에 따라 관리 운영되었을 터이다. 1913년의 중추원조사자료에 따르면, 경양방죽에는 관리책임자인 감독監督 혹은 감관監官이 2명이 있었다고 한다. 또한 전남지역의 큰 제언들에서는 감관의 아래로 감고監考를 두었는데, 이 감고는 감관의 부림을 받는 존재라는 설명을 덧붙여 두기도 하였다.[68] 경양방죽이 2명의 감관 및 그 아래의 몇몇

67) 조선시기 수리시설의 관리와 운영에 관한 일반적인 설명은, 최원규, 「朝鮮後期 水利기구와 經營문제」, 『國史館論叢』 39, 1992, 243~244쪽을 참고해 정리하였다.

감고에 의해 관리 운영되었을 것임을 헤아리게 하는 대목이다.

또한 같은 자료에 의하면, 제언의 감관과 감고는 몽리자蒙利者의 호선에 의해 선출되는 게 보통이었다고 한다. 때로 '군수'가 임명하거나 혹은 '군수'나 '면장'이 몽리자의 견해를 참고해서 선정하는 경우도 없지 않았지만, 대체로 그러하였다는 것이다. 몽리蒙利 농민農民의 여론을 바탕으로 제언의 감관과 감고가 정해지는 게 일제초기의 관행이었음을 전하거니와, 대략 조선후기 이래의 관습이 이어져 그처럼 자리를 잡았을 듯 여겨진다. 감관監官은 향청鄕廳에서 그리고 감고監考는 향중鄕中의 논의를 거쳐 작인作人 중 부지런하고 성실한 자를 선정하는데, 대체로 감관은 향촌사회에 영향력이 있는 지주地主 중에서 그리고 감고는 심부름을 담당하도록 소작인小作人 중에서 각각 선정했다는 조선후기의 관습과 부합하는 방식으로 판단된다. 조선시기 국·공유의 수리시설이 관권의 지배 아래 예속되었지만 실제 운영은 향촌사회의 자치에 맡겨졌으며, 그리하여 점차 지주가 수리시설의 운영을 주도하는 추세였다는 지적이[69] 떠오르는 대목이다.

경양방죽에 두어졌다는 2명의 감관을 비롯해서 그 아래 설치되었을 것으로 여겨지는 몇 명인가의 감고도 대략 그러한 방

68) 국사편찬위원회 한국사데이터베이스 일제강점기, 『水利에 關한 舊慣』(水利ニ關スル舊慣, 大正 2년, 1913), 제5장 감독 및 관리, 제2 開設 및 修築, 乙 관리, 1 官有堤堰의 관리, 3) 蒙利者, (1) 堤堰監考의 선정.

69) 위의 註 67)과 같음.

식으로 정해졌을 터이다. 관개 혜택을 받는 농지를 소유한 지주 중에서 2명의 감관이 그리고 경작하는 소작인 중에서 몇 명의 감고가 각각 정해져, 현장에서 경양방죽을 실제로 관리하고 운영하는 일에 전념하도록 책임이 맡겨졌을 것으로 예상된다. 가둬 두었던 물을 때에 맞춰 방류해서 각 농지로 고루 분배되도록 안배한다든지, 몽리 농민의 협력을 받아 제방을 수리하고 그 안쪽을 준설하며 더불어 관련 비용을 징수해 관리하는 것은 물론, 저수지 안의 땅을 불법적으로 경작하거나 몰래 물을 빼가는 행위를 단속하는 거와 같은 업무 등이 그것이었다.[70)]

조선시기에는 수리시설을 그처럼 관리 운영하는 편의를 위한 조직체로서 수리계水利契가 널리 활용되었다.[71)] 몽리계蒙利契 혹은 제언계堤堰契·보계洑契 등으로도 불리는 바, 수리시설의 관개 혜택을 누리는 농지를 경작하는 농민들이 결성한 향촌의 자치조직이었다. 경양방죽의 경우에도 그와 같은 모종의 농민 자치조직이 존재하였을 법하다. 광주천光州川의 물을 막아 경양방죽에 공급하는 등 이 저수지와 연계되어 운영되던 조탄보棗灘洑에 보계洑契가 꾸려져 운영되었음에 비추어[72)] 그

70) 『水利에 關한 舊慣』(水利ニ關スル舊慣, 大正 2년, 1913), 제5장 감독 및 관리, 제2 開設 및 修築, 乙 관리, 1 官有堤堰의 관리, 3) 蒙利者, (3) 堤堰監考의 의무.

71) 李光麟, 『李朝水利史研究』, 47~48쪽.

72) "洑에 관한 契로는 全羅南道 光州郡 轟灘洑 洑契의 사례를 들어보았을 뿐이다. 조직이 작아서 … 굉탄보는 물을 가을·겨울 두 계절에 이미 서술한 光州郡 瑞陽面 景陽堤에 끌어다 모아 두었다가, 봄·여름 두 계절에 해당 보 및 제 사이에 있는 수전에 몽리를 한다. 굉탄보의 수축은 가을에는 경

러했을 가능성이 높아 보인다.

그런데 경양방죽의 경우 그와 같은 일종의 제언계堤堰契가 조직되어 기능했음을 전하는 자료는 아직 알려진 바가 없다. 보계로서 광주천 조탄보의 사례를 거론한 중추원조사자료에서도, 제언계의 예를 들면서는 경양방죽을 언급하지 않았다. 조탄보는 매년 봄과 가을이면 정기적으로 보를 손보아 수리하는데, 봄에는 보에서 경양방죽으로 이어지는 수로에 의지해 관개하는 농민이 그리고 가을에는 경양방죽의 관개 혜택을 입는 농민이 각각 그 보수 작업을 담당하였다고 한다. 조탄보의 보계가 매년 봄의 그와 같은 보 수리를 위해 20 내지 25명에 이르는 몽리 작인으로 조직되었다 이르거니와, 이로 미루어 경

양제 몽리자가 담당하고, 봄에는 해당 보의 몽리자가 맡았다. 보의 물은 봄과 가을에 따라 그 관리하는 사람이 달랐는데, 굉탄보 보계는 즉 봄에 제방 쌓기를 위해 생겨난 것이다. 계원은 보 및 제 사이의 몽리 소작인 20명 내지 25명이었다. 처음에는 봄에 제방 쌓는 비용 및 술값을 각 몽리자에게서 징수했는데, 후에는 그 돈으로 약간의 토지를 구입하였다. 이를 기원으로 그 토지에서는 1두락에 대해 禾利 30전 내지 40전을 징수함으로써 제방 쌓는 비용에 충당하였다. 나중에는 그 얼마간을 매각해서 이를 전당포에서 利殖하는 것으로 하였다. 현재 그 예금은 48원이고, 그 이자는 매년 14원 40전이 되었는데, 이를 수축비로 제공한다고 한다. 役員은 洑監, 洑契長 각 1인을 두었는데, 모두 계원의 호선에 의해 선출하였다. 監官의 직무는 앞에 서술한 共有洑의 洑有司와 대략 같았고, 그 보수는 계 소유지를 경작한 수익으로 지급하였다. 계장은 오로지 회계의 일을 맡아보았고 무보수였다. 이 계에 관한 성문규약은 얻을 수가 없었다." (『水利에 關한 舊慣』, 제5장 감독 및 관리, 제4 水利에 관한 契. 乙 洑契)
위의 자료에는 光州郡의 '轟灘洑'로 표기되었으나, 이 洑의 물을 景陽堤로 끌어가 모아두었다 사용한다는 등의 내용으로 미루어 棗灘洑를 가리키는 것임이 분명하다.

양방죽의 경우에도 그러한 목적의 제언계가 조직되었을 가능성이 높아 보인다. 경양방죽 몽리 농민의 경우 조탄보 수리는 물론 그에 더해 저수지의 제방이라든지 관련 수로를 보수 정비하고 그 내부를 준설하는 등, 조탄보 몽리 농민에 비해 그 손보아 마땅한 일이 훨씬 많았으리라는 사실도 놓쳐서는 안 될 것이다. 그런 만큼 제언계류堤堰契類의 조직체가 한층 요구되었을 법하거니와, 비록 관련 자료가 전해지지는 않지만 무려 4개의 면面에 걸쳐 거주하였던 것으로 전하는 경양방죽의 몽리 농민이[73] 모종의 자치적인 조직을 결성해 운영하였을 가능성을 무시해서는 안 될 것으로 생각한다.[74]

---

73) 『水利에 關한 舊慣』, 제2장 수리시설의 종류 및 성질, 제1 관개용 시설, 甲 堤堰, 3 소유관계에 따른 구별, 2)민유제언, (1)共有堤堰, ③ 全羅南道 光州郡 瑞陽面 屛門洞 金橋坪의 金橋堤(일명 景陽堤).

74) 일제초기의 한 자료에 따르면, 光州郡의 堤堰을 관리하는 데 편의를 도모하고자 1912년 9월에 堤堰契가 창립되었다고 한다(北村友一郎, 『光州地方事情』, 1917; 文承伊 譯, 『광주지방사정』(光州市立民俗博物館 편, 『光州文獻集』 所收), 2004, 38쪽). 당시 光州 管內의 堤堰 32개소 전체를 하나의 契로 묶었으며 契員은 1,590명이었다 이르거니와, 地方費의 보조를 받는 등 日帝의 統治 便益에 봉사하는 조직체로서 조선시기 이래 이어져 온 향촌자치적인 水利契의 전통과는 거리가 멀다 하겠다.
그밖에 金倣이 경양방죽의 관리유지를 위한 방법으로 제시하였다는 몇몇 조목이 전하는데(金洪三, 『景陽방죽의 歷史』, 第一文化社, 86~87쪽), 방죽의 蒙利水田에서 거둔 維持管理費로 景陽驛 察訪의 食祿을 제공하는 것을 우선으로 한다는 등, 쉬이 납득되지 않는 내용이 있어 여기에서는 일단 논외로 하겠다. 참고삼아 해당 내용을 적기하면 다음과 같다.
- ○ 景陽池灌漑水田 : 1150結 3束
- ○ 維持管理費의 醵出基準 (1) 每年 畓 1斗落에 조 1斗씩을 醵出할 것을 原則으로 한다. (2) 但 作況에 따라 減免할 수 있다.
- ○ 收納한 租穀의 用途 (1) 優先的으로 景陽察訪의 食祿(人件費)을 提供한다. (2) 다음으로는 貯水池의 補修費와 維持管理費에 充當한다. (3) 收

정약용丁若鏞은 천택川澤을 논하는 자리에서, 당시 조선왕조의 거론할 만한 큰 저수지는 7~8곳 남짓이며 그나마도 물풀이나 잡초로 꽉 막힌 채 보수하지 않은 상태임을 지적하였다. 전국적으로 대형 저수지라 할 만한 몇몇을 거명하면서 그 중에 광주의 경양방죽도 포함시켰거니와, 이들이 하나같이 진흙으로 막혀 제 기능을 발휘하지 못하는 상태임을 한탄하였다. 수리시설을 방치한 수령에게 책임이 있음을 논하면서 심지어는 국내의 크고 작은 모든 저수지가 폐기 상태라고까지 강변하였다.[75] 정약용이 살았던 시기, 가령 18세기 후반의 정조대에 저수지를 비롯한 수리시설들이 유지 보수를 위한 노력의 부족라든지 기타 사유로 인해 제대로 기능하지 못하는 문제가 발생하였음은 이미 알려진 사실이다.[76] 경양방죽의 경우도 예외가 아니었으려니와, 그리하여 정약용의 지적대로 관개시설로서 기대했던 만큼의 혜택을 주민들이 누릴 수 없는 상황이었을 것임을 헤아리게 한다.

자료가 전하지 않는 만큼 조선시기 경양방죽에서 시행되었던 보수라든지 준설의 실태를 구체적으로 파악하는 것은 불가

支決算報告는 每年度末에 召集되는 蒙利畓耕作人總會에 報告한다.

75) 東土名湖 僅有七八餘 皆窄小 然且葑合 而不修矣 … 我邦大陂 又有咸昌之空骨隄 隄川之義林池 德山之合德池 光州之慶陽池 延安之南大池 今皆淤塞 此守土者之責 … 按法非不具 而今國中陂池 無一不廢棄也 … (『與猶堂全書』 5集 『牧民心書』 11 工典六條 제2조 川澤)

76) 염정섭, 「水利施設의 현황과 지역적 특성」, 『조선시대 농법 발달 연구』, 태학사, 2002, 344~354쪽. 염정섭, 「조선 초기의 水利 정책과 김제 벽골제」, 『농업사연구』 6-2, 2007, 100~102쪽.

능하다. 그렇지만 필요한 한도에서 능력이 미치는 데까지는 손을 보았을 터이다. 조선말엽인 1896년에 광주를 들렀던 오횡묵吳宖默은, 경양방죽의 둘레가 10리里에 이르며 호수에 연꽃이 가득한데 또한 그 안에 —준설한 진흙을 쌓아둔—작은 섬이 10여 곳이었음을 전한다.[77] 준설 등의 관리와 보수를 통해 경양방죽이 조선말에 이르도록 나름대로 기능을 발휘하였음을 헤아리게 하거니와, 시기에 따라 성쇠가 있었겠지만 마침내 메워져 사라지기까지 경양방죽은 일대의 농지를 적시는 수원이자 주민들의 휴식처로서 나름의 역할을 다하였을 것으로 사료된다.

Ⅴ. 맺음말

경양방죽이 수축된 것은 대략 임진왜란을 전후한 즈음이었다. 조선전기 세종대世宗代에 김방金倣이 축조하였다는 설이 널리 믿어져 왔지만, 그것을 뒷받침할 만한 근거는 없었다. 막상 그 무렵에 경양방죽이 존재하였음을 전하는 자료조차 찾기가 어려운 실정이었다. 현재까지 파악된 기록에 근거하는 한, 경양방죽이 수축된 것은 16세기 후반 내지는 늦어도 1604년 이전의 어느 시기였다.

조선시기에 경양방죽은 국유 내지 공유의 수리시설이었다.

77) … 大場市 二七日開市 東有鏡湖水 卽景陽驛丞廢衙 北有柳林藪 湖賓周回十里 湖中有小嶼十餘 蓮荷遍滿 藪長爲五里 不知爲幾萬株 邑形爲行舟形云 …(『智島郡叢瑣錄』, 도서문화연구소총서②, 172쪽)

관官의 주도 아래 지역 유력자들이 동원되어 주민의 노동력을 투입해 광주 치소의 들녘 평지에 축조한, 호남에서 손꼽히는 대형 저수지였다. 관개를 위시한 전통시기 저수지 조성의 일반적 목적에다, 광주지역 나름의 필요성 등이 더해져 축조된 수리시설이었다. 당대의 수리시설 개발 추세와 어긋남에도 불구하고 읍치의 들녘에 경양방죽을 수축하였던 것은, 읍저에 농토와 농민을 집적하여 그 기능을 활성화하며 그리하여 치소의 경제적 토대를 굳건히 함으로써, 지역 유력자의 발호를 견제하고 관의 주도권을 확보하는 것과 함께 장시場市의 발달이라는 시대적 변화의 흐름에 적극 부응하려는 의도에서였다.

경양방죽은 관의 지배를 받는 수리시설이었다. 그렇지만 그 실제 관리와 운영은 지역사회의 자치에 맡겨져 있었다. 몽리농지를 소유한 지주 중에서 2명의 감관監官이 그리고 소작인 중에서 몇 명인가의 감고監考가 선정되어, 수령의 감독 아래 경양방죽을 관리 운영하였다. 또한 그와 같은 관리와 운영의 편의를 위한 몽리 농민의 자치조직이 존재했을 가능성도 점쳐졌다. 경양방죽과 연계되어 운영되던 조탄보棗灘洑에 보계洑契가 존재했음에 비추어, 경양방죽에도 일종의 제언계堤堰契와 같은 게 꾸려졌을 가능성이 없지 않은 것으로 판단되었다. 경양방죽은 때로 그 기능을 제대로 발휘하지 못한 적도 있었다. 그렇지만 대체로 필요한 한도 내에서 보수 유지되었으며, 그리하여 마침내 메워져 사라질 때까지 광주 치소의 들녘을 적시는 수원이자 지역민의 휴식처로서 나름의 역할을 다하였다.

조선시대 기록을 통해 본 광주 경양지

김희태

Ⅰ. 서언 －잊혀져가는 역사현장과 기록 찾기－

광주의 경양지景陽池[경양방죽, 경양호]는 지금의 광주광역시 동구 계림동 505번지 일대에 있었는데 이미 없어져 버렸다. 원래는 조선시대 초기에 축조된 것으로 알려져 오고 있지만, 구체적인 자료로서는 고증이 미진한 부분이 있었다.

조선시대 초기에 김방이란 인물이 축조를 했고, 조선시대 후기에 이곳을 지나던 청년시절의 다산 정약용이 시를 남기기도 한다. 그리고 일제 강점기 들어 일부가 메워졌고, 1960년대

* 본고는 다음 글을 수정 보완하였다.
김희태, 「옛 기록을 통해 본 경양방죽」, 『광주이야기』-아시아문화중심도시 광주 조성을 위한 시민문화 아카이브-, 광주문화예술진흥위원회, 2006.2. 45~60쪽; 김희태, 「조선시대 기록을 통해 본 광주 경양지(景陽池)」, 『향토문화』 27집, 향토문화개발협의회, 2007, 41~64쪽; 광주광역시립민속박물관, 「경양방죽의 역사와 문화」(부분), 『경양방죽과 태봉산』, 2018, 23~62쪽.

에 태봉산을 헐어 매립하여 결국에는 사라져 버렸다는 내용이 알려져 왔다.[1] 경양지에 관련된 자료는 1940년대에 배를 타고 있는 관광객의 모습이 담긴 원색사진이 전해진다.[2] 그리고 1968년 11월에 펴낸 『경양방죽의 역사』[3]와 『광주1백년』[4]이라는 책에서도 정리된 바 있다.

그러나 축조 시기, 명칭, 변천, 관련 인물과 시기문, 지도류 등에 나타나 구체적인 자료의 확보와 변천에 대해 검토해 볼 필요성은 있다. 그것은 경양지가 우리나라 농경의 중심지 호남지방의 중심고을 광주에 자리한 관개용 저수지였고, 역사도 오래되었으며, 생활사와 문화교류 현장이었다는 점을 주목할 필요가 있기 때문이다. 그리고 '화기'를 지닌 광주의 형국상 비보의 기능도 했었다고 보이기 때문이다. 아울러 현장의 복원은 어렵더라도 잊혀져가는 역사현장에 대한 관련 기록 찾기와

---

1) 1912년 지적원도에는 서방면 풍향리 574번지, 국가소유의 지(池), 6만5천418평으로 분류되어 있다. 수원은 꼬무메골과 광주천이었다. 부동방면 135번지(현 서석교 부근) 취수구로부터 1.7㎞의 수로를 타고, 광주천 조탄(참)보 물이 공급됐다. 광주읍성에서 경양찰방역으로 이어지는 1㎞ 둑길은 담양 관방제림처럼 팽나무, 귀목, 왕버들이 울창했다고 한다. 현재 대인광장에서 서암로 가는 길(시청서길~물들1길)로 동구 계림동과 북구 중흥동의 경계다. 경양호는 1937년 택지조성을 위해 4만5천531평이 매립되고, 1968년에는 나머지마저 사라졌다. 김경수, 「경양호」-전라도 역사이야기-. 〈광주일보〉 2007.10.26일자: 김경수, 『광주땅이야기』. 향지사, 2005 참조.

2) 이 사진은 이경모선생이 광복 직후에 찍은 사진으로 『사진으로 본 광주 100년』(광주직할시, 113쪽)에 실려 있다.

3) 김홍삼편, 『경양방죽의 역사』-김방을 중심으로-, 제일문화사, 1968.11.

4) 박선홍, 「경양방죽과 유림 숲」, 『광주1백년』 2, 금호문화, 1994.2.

자료의 수집, 검증, 분석을 통하여 그 활용방안에 대해서 살펴보는 것도 오늘을 사는 우리의 책무라 여겨지는 것도 한 이유이다.

따라서 본 글에서는 주로 조선시대 기록을 중심으로 명칭과, 규모, 고지도상의 현황, 관련 인물과 그들이 남긴 시문, 처음 축조한 것으로 전하는 김방의 행적들에 대해서 살펴보고자 한다.[5)]

Ⅱ. 〈경양景陽〉의 명칭 유래와 10개의 이름

광주는 고려시대 때부터 국가 교통시설인 경양도景陽道 찰방이 파견되어 있었고 인근(광주, 나주, 남평, 담양 등)의 8개 역驛을 관할하는 교통의 중심지였다. 이 중심 교통통신 시설을 〈경양도〉 또는 〈경양역〉이라 했으며 이 명칭에서 경양방죽이 유래 한 것으로 보인다.

경양도景陽道의 관할 역 8개소는 덕기德基·가림加林·인물人物·창신昌新·대부大富·금부黔富·오림烏林·광리廣里역이었다.

『신증동국여지승람』의 기록은 다음과 같다.

5) 본고를 작성하는데 토론과 제안을 해 주신 최순정선생, 시문 국역을 보아 준 남도대(현 전남도립대) 최한선교수, 자료논의에 협조해 준 향토문화진흥원 김경수선생에게 감사를 드린다.

경양역景陽驛 현의 동쪽 8리에 있는데 승丞을 두었다. 본도에 속한 역은 여섯이니, 덕기德奇·가림加林·인물人物·검부黔富·창신昌新·대부大富가 그것이다. 승丞 1명이다. [신증] 지금 임금 5년에 승을 혁파하고 찰방察訪을 두었다.[6)]

조선후기 기록인 『대동지지』[7)]에는 “경양도景陽道는 동쪽 8리에 있다. 속한 역이 6개소이다. 찰방이 1원이다.”라는 내용이 나온다. 경양역의 유래와 찰방의 선정비에 대해서는 조사가 실시된 바도 있다.[8)]

한편, 경양은 “경양景陽 : 동쪽 10리에 있다.”[9)]라고 하여 조선시대 후기의 광주의 면面이름으로도 사용되기도 한다. 이 때의 경양은 경양도 찰방역의 소재지와 연관된 듯하다.

조선시대 후기 경양면의 규모를 보면 호구수가 487호, 1,690구(남 839, 여 851)[10)]로서 당시 41개 면 가운데 호구수는 읍내의 부동방면에 이어 2위의 규모이다.

경양지의 이름으로 지리지나 읍지류, 고지도류, 향토지류 등에 10가지 명칭이 나타난다. 흔히 쓰는 〈경양방죽〉을 비롯하여 〈경양언景陽堰〉, 〈경양방축景陽防築〉, 〈경양호景陽湖〉, 〈경양

6) 『신증동국여지승람』(1530년) 제35권 광산현 역원조
7) 『대동지지』(김정호) 광주 역참조
8) 김희태·주인대, 「광주 경양역 찰방 선정비 조사 보고」, 『향토문화』 24, 향토문화개발협의회, 2004.12.
9) 『대동지지』(김정호) 광주 방면조
10) 『호구총수』(1789년) 광주

지景陽池〉, 〈경양제景陽堤〉, 〈금교방축金橋防築〉, 〈금교제金橋堤〉, 〈경호鏡湖〉, 〈서방지瑞坊池〉를 들 수 있다. 이제 하나씩 기록내용과 유래 등을 살펴보자.

1. 경양언景陽堰

1624년(인조 2) 광주목사를 지낸 죽음竹陰 조희일趙希逸(1575~1638)이 지은 시의 제목에 나타나는 명칭이다. '景陽堰上押呼 示梁長城(경양언 위에서 양장성에게 보이다)라는 제목이다.[11] 여기에서 말한 양장성은 당시 장성고을 수령이었던 제호霽湖 양경우梁慶遇(1568~?)를 말한다. 그리고 양경우는 이 시에 차운한 시 2수를 남긴다. 지금까지 확인된 기록상으로는 비교적 이른 시기의 명칭이다. (〈자료 1〉 참조)

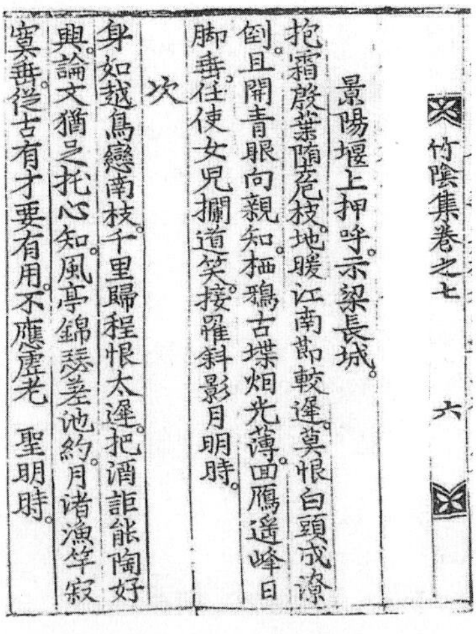
竹陰集卷之七 六

景陽堰上押呼示梁長城
抱霜殷葉墮危枝地暖江南節較遲莫恨白頭成潦倒且開青眼向親知栖鴉古堞烟光薄西雁遥峰日脚垂任使女兒攔道笑接䍦斜影月明時
次
身知越鳥戀南枝千里歸程恨太遲把酒詎能陶好興論文猶足托心知風亭錦綉差池約月渚漁竿寂寞無從古有才要有用不應虛老聖明時

〈자료 1〉 광주목사 조희일의 시

11) 『竹陰集』(한국고전번역원[민족문화추진회], 표점영인 한국문집총간 83책, 196쪽)(이하 한국문집총간으로 표기)(한국고전번역원 한국고전종합DB [http://db.itkc.or.kr])

2. 경양방축景陽防築

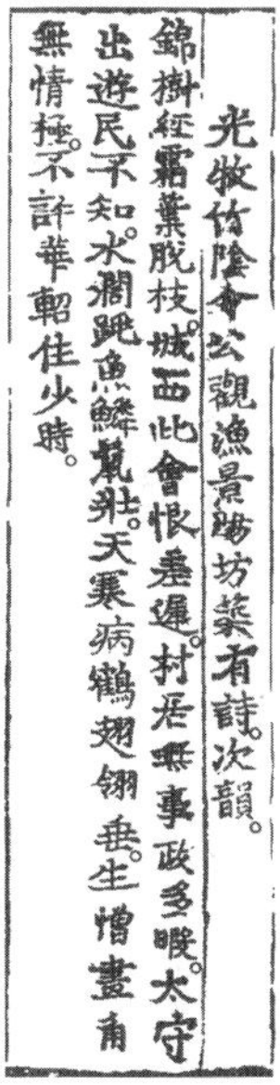
光牧竹陰令公觀漁景陽坊築有詩。次韻。
錦樹經霜葉脫枝。城西此會恨垂遲。村居無事政多暇。太守
出遊民不知。水濶跳魚鱗亂飛。天寒病鶴翅翎垂。生憎畫角
無情極。不許華軺住少時。

〈자료 2〉 양경우의 시(제호집)

조선후기 문관으로 장성현감 등을 지낸 제호 양경우의 시에 나타난다. 이 시는 1624년에 당시 광주목사이던 조희일의 시에 차운한 것인데, 시의 제목이 '光牧竹陰令公觀漁景陽坊築有詩 次韻(광주 목사 죽음 영공이 경양의 방죽에서 고기 잡는 것을 보고 시를 지었는데 그 시에 차운하다)'이다.[12] (〈자료 2〉 참조)

경양방축[13]에서 낚시를 하는 관인의 모습을 보고 시로 읊은 것인데, 내용상에 있어서는 선정善政에 대한 것도 나타나 있다. 청년시절 다산 정약용의 시는 서경 풍류를 읊었다면, 이 시는 서정의 뜻이 더 담긴 듯 싶다. 임란 직후인 17세기 중엽(양경우)과 18세기 말엽(정약용)이라는 시대상도 있겠지만, 청년의 눈에 비친 풍광과 수령을 지낸 적이 있는 경륜있는 관인의 표현은 다를 수 밖에 없지 않았을까 싶다.

그리고 『호남읍지』[14] 광주 제언堤堰조에 46개의 방축防築과 13개소의 보洑에 대한 명칭을 나열하고 있는데, 그 첫 번째로

12) 『霽湖集』(한국문집총간 73책, 488쪽); 『梁大司馬實紀』 5
13) 『제호집』에는 '景陽坊築'으로 나타난다.
14) 『호남읍지』(1872년경) 광주 제언(堤堰)조(규장각 소장본 奎 12175)

경양방축이 기록되고 있다. (〈자료 3〉 참조)

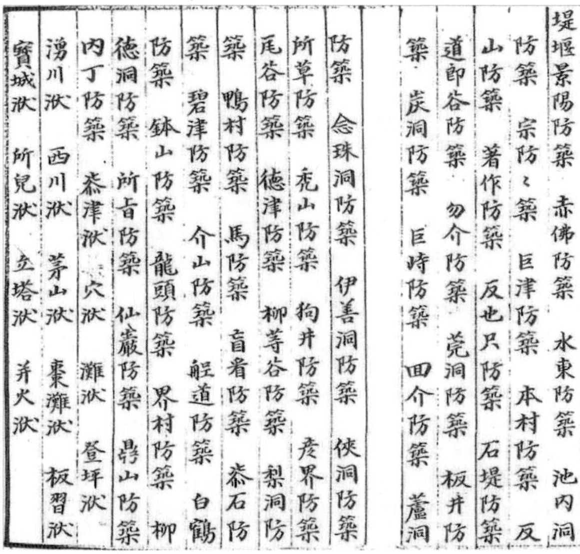

堤堰 景陽防築 赤佛防築 水東防築 池內洞
防築 宗防々築 巨津防築 本村防築 反
山防築 著作防築 反也只防築 石堤防築
道卽谷防築 勿介防築 莞洞防築 板井防
築 炭洞防築 巨峙防築 田介防築 蘆洞

防築 念珠洞防築 伊善洞防築 俠洞防築
所草防築 禿山防築 狗井防築 彥界防築
尾谷防築 德津防築 柳等谷防築 梨洞防
築 鴨村防築 馬防築 盲者防築 㮈石防
築 碧津防築 介山防築 船道防築 白鶴
防築 鉢山防築 龍頭防築 界村防築 柳
德洞防築 所旨防築 仙巖防築 鼎山防築
內丁防築 㮈津洑 穴洑 灘洑 登坪洑
湧川洑 西川洑 茅山洑 棗灘洑 板習洑
寶城洑 所兒洑 立塔洑 并火洑

〈자료 3〉 호남읍지(1872년경) 광주 제언조의 경양방축

또 다른 『호남읍지』 광주 제언조[15]에는 53개소의 방축과 보가 위치와 함께 기록되어 있는데, 역시 첫 번째로 기록되고 있으며, '주의 동쪽 5리(在州東五里)'로 위치를 기록하고 있다. (〈자료 4〉 참조)

『광주읍지』의 제축堤築조에 '경양방축景陽防築은 주州의 동쪽 5리에 있다'는 기록도 있다.

15) 『호남읍지』(1895년경)(규장각 소장본)

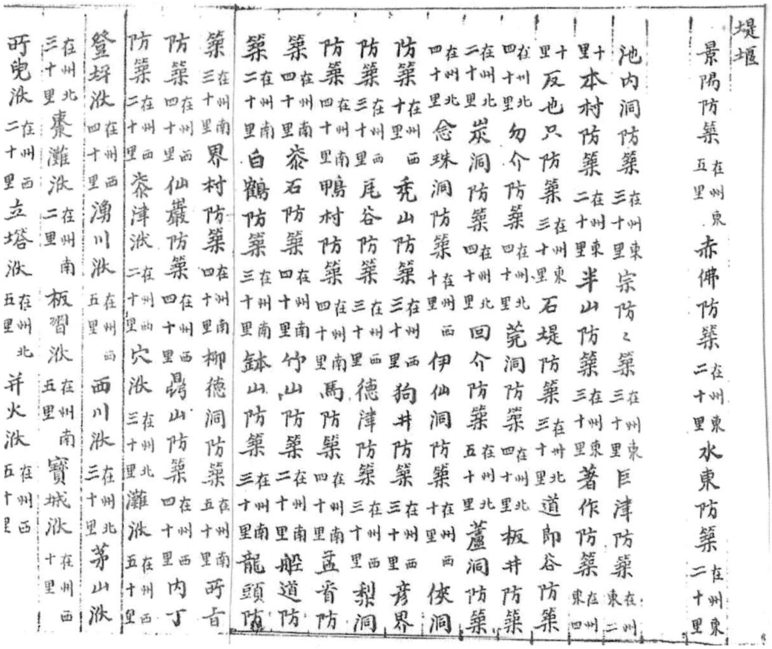

〈자료 4〉 호남읍지(1895년경) 광주 제언조의 경양방축

3. 방축防築

『호남읍지』(1872년경)의 광주지도[16]에는 방축防築으로만 표기 되어 있다. 금교방축金橋防築으로 표기된 조선후기 지도의 형태와 비슷하게 표기 되어 있고, 방축을 지나 두 갈래 물줄기가 흐르는 중간에 태봉台封이 표기되어 있다. (〈자료 5〉 참조)

16) 『호남읍지』(1872년경) 광주 제언(堤堰)조(규장각 소장본 奎 12175)

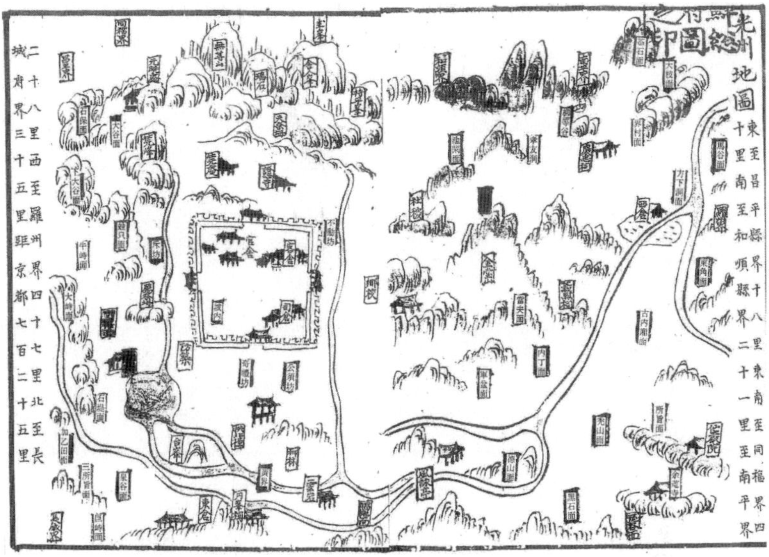

〈자료 5〉 호남읍지(1872년경) 광주지도의 경양방축(防築)

4. 경양제景陽堤

조선후기의 관찬 지리지인 『여지도서輿地圖書』(1757년)에 나타난 이름이다. 이 책의 광주 제언堤偃조[17]에 42개소의 제堤가 정리되어 있는데, 그 첫 번째로 경양제가 기록되고 있다. 경양제의 중요성과 그 규모를 알 수 있는 자료이다. 그 내용은 '경양제景陽堤 : 둘레는 5,560자 이고 수심은 1자 5치이다(周圍 五千五百六十尺 水深 一尺五寸)'라는 내용이다. 기록상 규모로 보아도 42개 제언 가운데 가장 크다. (〈자료 6〉 참조)

17) 『여지도서』(1757년) 광주 제언(堤偃)조

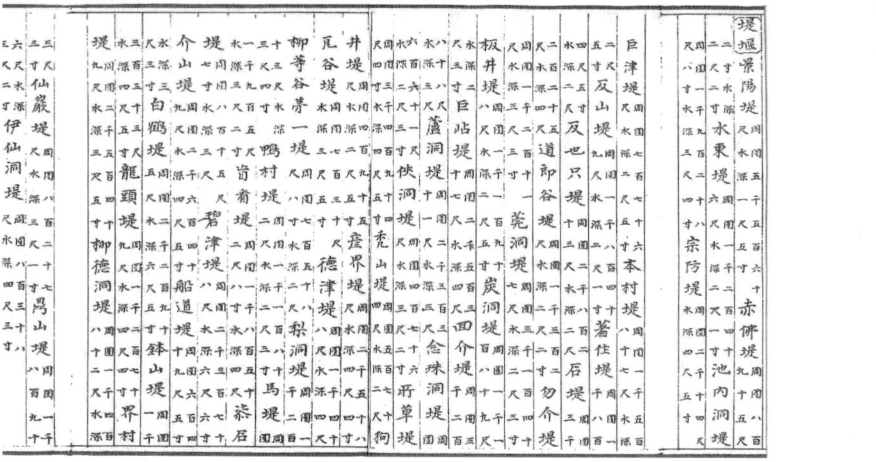

〈자료 6〉 여지도서(1759) 광주 제언조의 경양제

5. 경양지景陽池

조선시대 후기의 실학자로 유명한 다산茶山 정약용丁若鏞(1762~1836)의 시에 나타나는 이름이다. 정약용은 청년시절(18세)인 1779(정조 3)년에 이곳을 지나면서 시를 남긴다. 제목은 '과경양지過景陽池'18)이다. 다른 기록이 물을 막은 제언(방축) 중심의 명칭이라면, 다산의 시에서는 물을 담은 현장으로 '지池'로 표기한 것으로 보인다. 다산이 이곳과 인연을 맺게 된 것은 그의 부친(정재원丁載遠)이 화순현감을 지냈기 때문에 화순을 오가는 길에 이곳을 지나가게 된 것으로 보인다. 규장각 소장의 광주지도(奎 10497, 〈자료 10〉)상에 나타나듯이 남양-

18) 『여유당전서(與猶堂全書)』(한국문집총간 281집 7쪽).

경양역-광주읍성 공북루로 연결되는 교통의 요지이기 때문에 이곳을 지나가게 된 것이다. (〈자료 7〉 참조)

다산 정약용이 지은 『아언각비雅言覺非』[19]에 호수(湖)를 설명하는 항목에 '의림지義林池, 공골지空骨池, 합덕지合德池, 벽골제碧骨堤, 경양지景陽池, 남대지南大池' 등을 기록하는데 '경양지'가 나타난다. 이 기록에는 시인묵객의 언급이 있어 문화 교류의 장으로 활용한 공간이었음을 알 수 있다. (〈자료 8〉 참조)

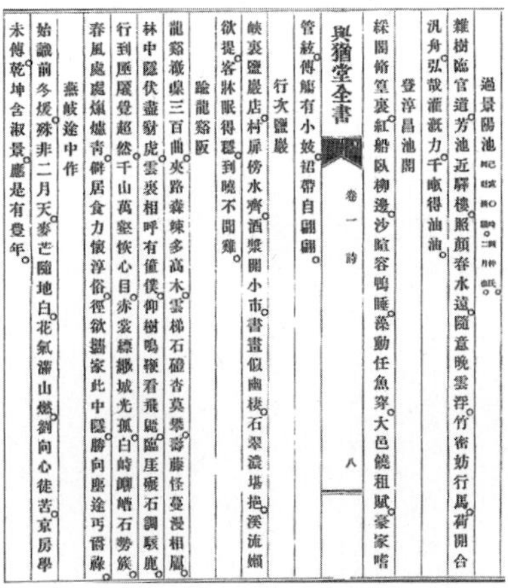

〈자료 7〉 다산 정약용의 여유당전서(過景陽池 詩)

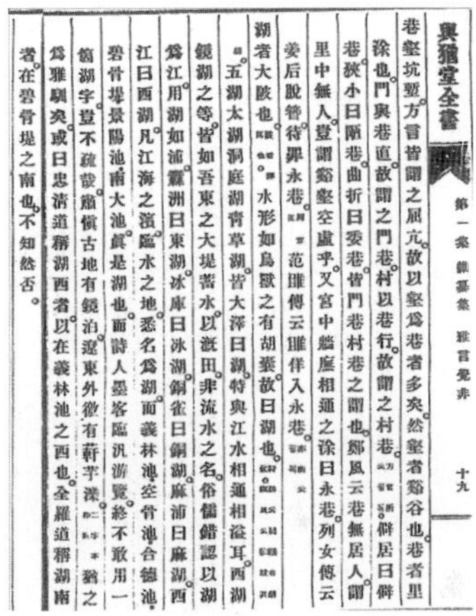

〈자료 8〉 다산 정약용의 아언각비의 경양지(景陽池)(좌 4행)

19) 『여유당전서(與猶堂全書)』(한국문집총간 281집 519쪽).

6. 경양지慶陽池

다산 정약용의 『목민심서牧民心書』 제11 공전육조工典六條 천택川澤항[20])에 '아방대피我邦大陂 우유함창지공골제又有咸昌之空骨隄 제천지의임지隄川之義林池 덕산지합덕지德山之合德池 광주지경양지光州之慶陽池 연안지남대지延安之南大池 금개유새今皆游塞 차수토자지책此守土者之責'이라 하여 의림지등과 함께 우리나라의 대표적인 곳으로 언급하고 있다. 다만, 이 기록상의 '경양지慶陽池'는 '慶'이 '景'의 오기일 것으로 편찬자가 교정주석을 달고 있다. (〈자료 9〉 참조)

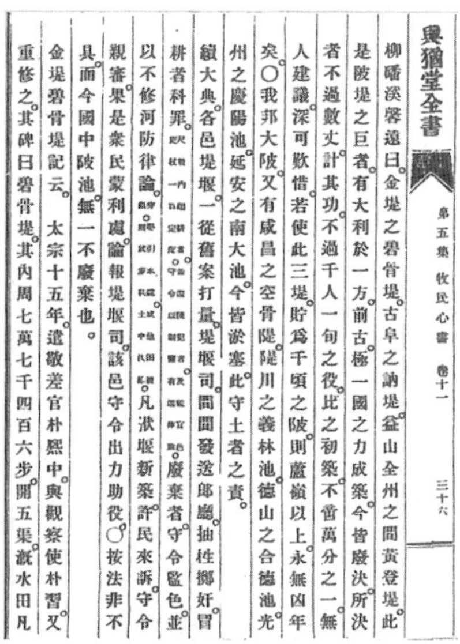
與猶堂全書 第五集 牧民心書 卷十一 三十六

柳磻溪隨錄曰金堤之碧骨堤古阜之訥堤益山全州之間黃登堤此是陂堤之巨者有大利於一方前古極一國之力成築今皆廢決所決者不過數丈計其功不過千人一旬之役比之初築不啻萬分之一無人建議深可歎惜若使此三堤貯爲千頃之陂則蘆嶺以上永無凶年矣○我邦大陂又有咸昌之空骨隄隄川之義林池德山之合德池光州之慶陽池延安之南大池今皆淤塞此守土者之責

續大典各邑堤堰一從舊案打量堤堰司間間發遣郎廳抽栍擲奸冒耕者科罪 … 廢棄者守令監色並以不修河防律論 … 凡洑堰新築許民來訴守令親審果是衆民蒙利處論報堤堰司該邑守令出力助役○按法非不具而今國中陂池無一不廢棄也

金堤碧骨堤記云 太宗十五年遣敬差官朴熙中與觀察使朴習又重修之其碑曰碧骨堤其內周七萬七千四百六步開五渠漑水田凡

〈자료 9〉 다산 정약용의 목민심서의 경양지(慶陽池)

20) 『여유당전서(與猶堂全書)』(한국문집총간 285책·565쪽).

7. 금교방축金橋防築

규장각에 소장(奎 10497)된 조선후기의 원색 지도인 『전라좌도 광주지도』에 나타난 이름이다.[21] 이 지도에 나타난 형태는 타원형으로 그려져 있고 경양역과 광주읍성 사이로 흘러드는 물길이 모였다가 다시 두 갈래로 흘러 나가는 형상으로 되어 있어 '8'자형으로 보인다. "금교방축金橋防築"이라는 제방 표시 아래에서 두 갈래로 흘러가는 형상은 원형으로 되어 있는데 그 안에 '고려왕자태봉高麗王子胎封'이라는 기록과 '대야大野'라는 지명을 표기하고 산을 그려 넣었다. 이 산이 태봉산[22]이라 하겠다. 금교의 지명에 대해서는 더 고증해 볼 필요가 있지만, 지도상으로 나타난 자료를 보면 경양지(이 지도 기록상으로는 금교방축)으로 흘러드는 유입부 도로상에 다리가 있는데,

---

21) 조선후기 지방지도는 규장각[지금은 서울대학교 규장각 한국학연구원] 소장의 채색지도이다. 1872년께 팔도(八道) 군현(郡縣)별로 제작한 지도로 모두 461장이 전한다. 『전라좌도 광주지도』의 원 크기는 122×75cm이다. 규장각 한국학연구원[http://kyujanggak.snu.ac.kr/원문자료DB; 『조선후기 지방지도: 전라도편』(민창문화사, 1996, 영인본) 참조.

22) 태봉산은 광주역 서편 신안동 121번지 일대 무등로에 있었다. 1916년 지적원도와 토지대장에 따르면 신안리 169번지, 임야 2천544평, 국유지였다. 해발고도 52.9m의 뚝뫼는 북동쪽 중흥리 경계 벼랑 밑으로 개울이 흘렀다. 1928년 발견된 돌항아리에서 지석(誌石)이 나왔고, 태(胎)의 주인공이 1624년 9월 태어난 인조의 아들이고, 이듬해 3월 태를 묻었다고 밝혀졌다. 1933년 『광주군사』에는 만두산(饅頭山)으로 광주공립보통학교림이고, 정상에 1627년 세운 석비가 있다고 적혀 있다. 구슬을 절반 파묻은 모습 같다 하여 광주의 '여의주'라 칭했던 태봉산은 1967년 헐려 경양호로 들어갔다. 김경수, 「경양호」-전라도 역사이야기-. 〈광주일보〉 2007.10.26 일자

이를 지칭한 것아 아닌가 싶다. 이 다리가 놓여진 길은 광주읍성 북쪽인 공북루에서 금교방축 입구를 지나 경양역을 거쳐 담양으로 이어지는 길이다. 지금의 국도로 보면 될 듯 싶다. (〈자료 10〉 참조)

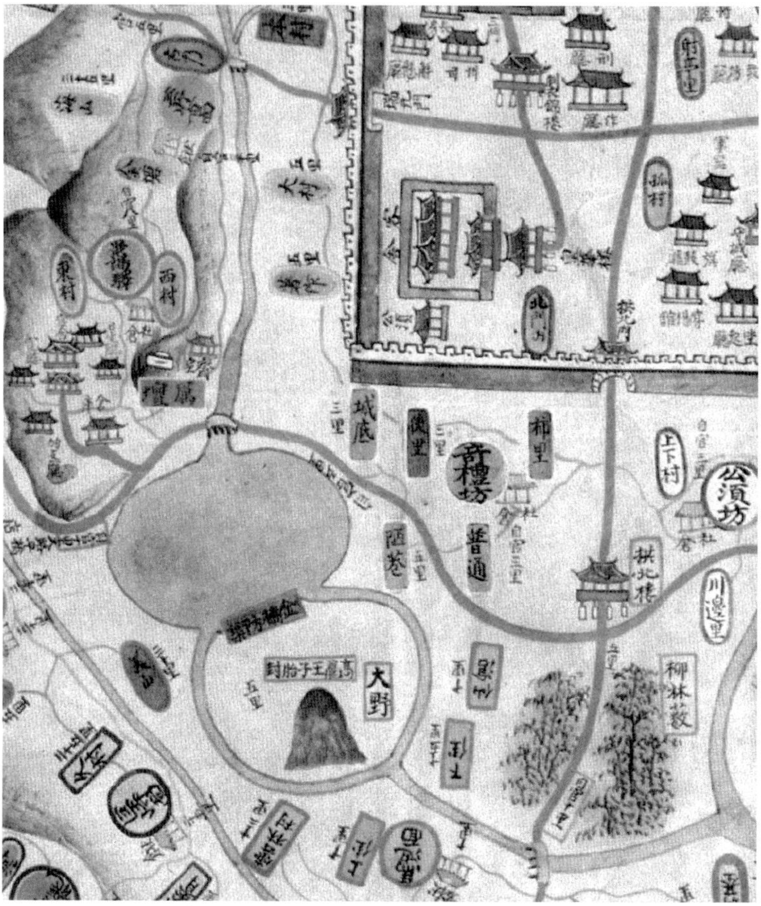

〈자료 10〉 조선후기 광주지도(규장각 소장, 규10497) 金橋防築

8. 금교제金橋堤

『광주읍지』의 제축조에 '금교제金橋堤는 옛 경양景陽방죽의 제방이름이다'라는 기록이 있다.

9. 경호鏡湖

경양지가 있던 계림동에 1804년 건립한 경호정鏡湖亭이란 정자가 있었고, 건립을 주도한 사람은 김선金銑, 이재섭李載燮이었는데 뒤에 응향정凝香亭으로 개칭했다고 한다.[23] 김선은 광주목사(1803.5~1805 재임)를 지냈다. 수령으로 부임한 다음 해인 갑자년(1804) 여름에 장성, 순창, 담양, 옥과 등 네 사군使君(수령)과 경호鏡湖의 정자에 모여 아름다운 십리의 연꽃을 감상하였다는 기록이 있다.[24] 오횡묵吳宖默(1834~1906)의 시 '경양역景陽驛 경호鏡湖 연화성개蓮花盛開 정거부시停車賦詩'에서도 확인된다.[25] 경양지를 경호라고도 불렀다는 내용을 고증할 수 있는 자료이다.

---

23) 전남대 호남문화연구소, 『호남문화연구』 14, -광주 누정 조사보고서- 1985.8.

24) 余宰光山之翌年甲于季夏 與長潭淳玉四使君 約會于鏡湖之亨 賞十里荷花… (풍영정 謹次原韻 세주, 『누정제영』-광주고전국역총서-, 광주직할시, 1992, 766쪽)

25) 오횡묵(1834~1906), 景陽驛 鏡湖 蓮花盛開 停車賦詩, 『叢瑣』10(한국고전번역원, 한국문집총간 속141)

10. 서방지瑞坊池

조선시대의 기록은 아니지만 명칭의 유래를 알 수 있어 소개한다. 1933년 간행된 『광주군사光州郡史』에 나오는 이름이다. 이 지역 일대가 서방면에 속했음으로 이에서 유래한 것으로 보인다. 서방면은 조선시대에 서양면, 두방면, 오치면 일대였는데, 1914년 서방면으로 합해진 지명이다. 서방면은 지금의 우산, 중흥, 풍향, 두암, 각화, 문흥, 용봉, 삼각, 매곡, 신안동 일대이다.

이밖에도 경호영지鏡湖影池[26], 연지蓮池, 영지影池[27]들의 몇 가지 이름이 더 확인된다. 이에 대해서는 원 출처를 밝히는 일이 필요할 듯싶다.

한편, 『여지도서』(1759년) 광주지도와 해동지도 광주목 지도에는 명칭에 대한 표기 없이 저수지의 외형만 간략히 그려져 있다. (〈자료 11〉, 〈자료 12〉 참조)

---

26) 김홍삼, 『경양방죽의 역사』, 1968, 29쪽; 박선홍, 경양방죽과 유림 숲, 『광주1백년』 2, 금호문화, 1994, 232쪽.

27) 박선홍, 『광주1백년』 2, 1994, 232쪽.

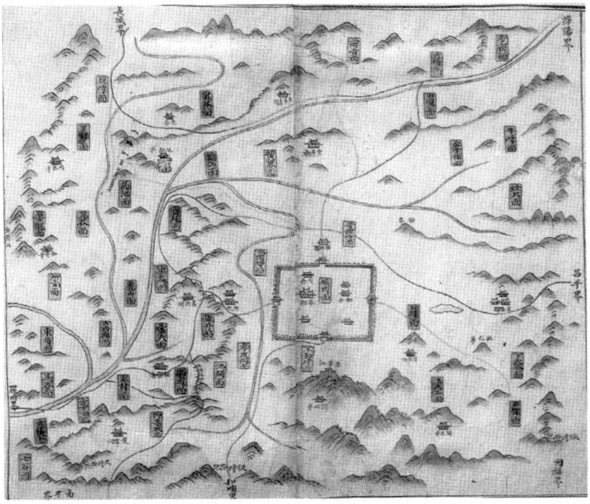

〈자료 11〉 여지도서(1759) 광주지도의 경양방죽

〈자료 12〉 해동지도 광주지도의 경양방죽

Ⅲ. 조선 초기에 실학적 기술을 현실에 접목한 김방

경양방죽은 조선시대 초기에 축조된 것으로 알려져 왔다. 그리고 그 주도 인물이 김방이라고 전해 온다.[28] 김방은 전라도 관찰사와 광주목사를 지냈으며 광주출신이라고 전해 온다. 우선 광주목사 관련해서 검토해 보자.

우선 광주목사 관련해서 검토해 보자. 여러 종의 『광주읍지』의 역대 수령(목사, 현감 등)을 적은 선생안先生案에는 조선 초기 인물로 몇 명이 등재되어 있으나 김방은 기록되어 있지 않아 좀 더 고증이 필요하다. 다만, 조선시대 초기의 인물이기 때문에 『광주읍지』 선생안에 기록되어 있지 않다고 해서 광주목사를 지내지 않았다고 단정할 수는 없으나, 다음과 같은 점을 생각해 볼 수 있다.

원래 김방은 광주출신으로 김제 벽골제 등의 보수 경험이 있는 관료로서 관직에서 물러나 고향에 거주하면서 관개사업의 필요성을 느끼고 그가 주도하여 했을 가능성도 있다. 또한 인력 동원이나 이에 따른 경제력 등의 규모로 보아서는 관료신분으로 공공사업이었을 가능성도 생각해 볼 수 있다. 따라서 경양방죽의 축조시기와 주도했던 김방의 신분에 대한 고증이 필요하며, 이에 대해 고증이 되지 않기 때문에 덕림에 사는 부자, 농부 등으로 표기되는 기록도 있는 것으로 보인다.

---

28) 『광주시사』 부록 1 -광주의 전설-, 2001.

『조선왕조실록』 들의 기록을 통하여 김방은 조선 태종대인 1415년(태종 15) 지김제군사知金堤郡事, 1418년(태종 18) 지 고부군사知古阜郡事, 1419년(세종 원년) 전라도 도절제진무, 1429년(세종 11년) 호군護軍에 올랐다는 기록이 있다. 그리고 『낙안읍지』에 따르면 낙안[29]으로 퇴거한 것으로 기록되어 있다.

『조선왕조실록』의 기록을 통한 김방의 행적과 관련하여 그와 연관이 가능하다고 가정하고 경양지의 축조시기를 유추해 살펴보면 대략 1420년대에서 1440년대로 보인다. 다만, 경양지의 축조시기에 대해서 몇 가지 내용(1440년설, 1441년~1443년설 등[30])이 알려져 오기 때문에 더 검토가 필요하다.

이처럼 경양지와 연관하여 광주 인물로서 김방을 주목할 필요가 있다. 행적과 관련하여 주목할 부분은, 그가 벽골제를 보수하는 등 농업관개시설의 축조 등에 남다른 역량이 있었다는 것이다. 조선후기에 이르러 실학이 활발하게 발달하지만, 이미 광주 사람 김방은 15세기에 실학적 기술을 현실에 접목하여 국가로부터도 인정을 받은 관료였다.

김방은 조선 초기의 문신으로 백성들을 위해 치수治水사업을 많이 하였다. 광산김씨[문숙공파 / 충숙공파 / 예조판서공파]로 광주 덕림 출신이며 말년에 낙안에 정착하였다. 부친은 고려조의 예조판서 김승로承魯(?~1419), 조부는 화평부원군 충숙공 김심深(1262~1338), 증조부는 문숙공 김주정周鼎(1228~

29) 현재의 전남 보성군 벌교읍 척령리 작고개
30) 김홍삼, 『경양방죽의 역사』, 1968; 박선홍, 『광주1백년』 2, 1994.

1290)[31]이다. 어머니는 경주이씨로 상서尙書를 지낸 이복덕福德의 딸이다.

생원, 진사 출신이라는 기록[32]으로 미루어 성균관이나 소과에 급제하였던 것으로 보이지만 자세한 행적은 확인하기 어렵다. 태종대 이래 지김제군사知金堤郡事(1415), 지고부군사知古阜郡事의 수령직을 거쳐[33], 세종 원년(1419)에 전라도 도절제진무, 세종 11년(1429)에는 호군護軍에 올랐다.[34] 세종 14년(1432)에 사인舍人으로 낙안군 고읍 장내리로 퇴거하였으며, 최종 관직은 의정부 찬성이었다고 한다.[35] 지 김제군사로 있을 때 김제 벽골제 보수공사에서 큰 업적을 남겼다.[36]

김제군 사람 박초朴礎가 전라도 수군 도절제사로 있을 때 상왕에게 올린 글에 잘 나타나 있다. 다음이 그 내용이다.

---

31) 『고려사』 104 김주정전, 같은 책 附 김심전

32) 『태종실록』 35 태종 18년 1월 갑자[13일](조선왕조실록[http://sillok.history.go.kr] 참조, 이하 같음)

33) 『태종실록』 35 태종 18년] 1월 갑자[13일]; 『세종실록』 10 세종 2년 10월 신해[16일]

34) 『세종실록』 10 세종 2년 10월 신해[16일]; 『세종실록』 45 세종 11년 8월 임오[8일]

35) 『여지도서』 전라도 낙안 인물 우거조: 寓居金倣 光州後人判書 承魯之子化平府院君 忠敏公 深之孫 世宗朝宣德七年以舍人退來于郡之古邑墻內里 後官至右贊成 [국사편찬위원회 한국사데이터베이스 http://db.history.go.kr]

36) 『태종실록』 35 태종 18년 1월 갑자[13일]; 『세종실록』 11 세종 3년 1월 기묘[16일]; 『세종실록』 45 세종 11년 8월 임오[8일]

> 김제군의 벽골제는 신라 때부터 축조한 것으로 실로 우리 동방의 큰 못이온데, 성상께서 정신을 가다듬고 정사를 바르게 하시려 하시와, 무릇 백성의 이 됨과 해 됨은 반드시 이룩하고 제거하시는지라, 지난해인 을미년(1415, 태종 15)에 지군사知郡事 김방金倣에게 명령하시어 감독하여 수축하게 하였던 바, 사역된 인부가 겨우 2만 명으로 20여일 만에 공사가 완성되어, 방죽 아래의 땅이 모두 다 옥토가 되어서, 공전公田의 수확이 매년 천 석이 넘었으므로, 군민軍民의 식량이 또한 풍족하였사오니[후략][37]

김방에 대해서는 『낙안과 낙안읍성』 책자에도 행적이 조사되어 있다.[38] 그리고 『경양방죽의 역사』(김홍삼)에는 「송시頌詩」와 「송가頌歌」도 실려 있지만, 구전으로 전하는 부분이 많다.[39]

한편 평소 불교를 사숙私淑하였던 김방은 무등산 증심사澄心寺를 중건하고 오백나한을 만들어 안치함으로서 불가에서는 그 높은 공덕을 기리기 위해 그의 영정을 만들어 광주光州의 증심사[40], 능주의 쌍봉사[41], 낙안樂安의 징광사[42]에 봉안하였

37) 『세종실록』 11 세종 3년 1월 기묘[16일]

38) 변동명, 「낙안의 역사와 인물」, 『낙안과 낙안읍성』, 순천대 박물관, 2001. 이 글에는 김방 선대의 인물도 정리되어 있는데, 이해가 다른 부분도 보인다.

39) 원창규, 「송시(頌詩)」-김방옹유적시-; 김영섭 작사, 로우웰 매이슨 작곡, 「송가(頌歌)」-김방의 노래-, 『경양방죽의 역사』 1968.

40) 현 광주광역시 동구 운림동 56번지 소재 증심사.

41) 현 전남 화순군 이양면 증리 741번지 소재 쌍봉사.

다고 한다. 〈쌍봉사사적비〉[43]에도 김방이 쌍봉사를 중수할 때 주력한 내용이 적혀 있다. 다만, 이 비에는 전라도관찰사였다는 내용이 있으나, 역대 전라도 관찰사 명단 상에서는 확인되지 않는다는 검토를 한 바 있다.[44]

그렇다면 전라도 관찰사와 광주목사 역임설은 어떻게 나오게 되었을까.

김방은 역대 전라감사(관찰사) 명단에서는 확인되지 않으나 『세종실록』에 세종 2년(1420년) 10월 16일 기사에 '전에 전라도 도절제사都節制使 진무鎭撫의 직첩을 받았다'는 기록이 있다. 전라도 도절제사 진무라는 직책은 전라도 관찰사와 관련이 있는 군사업무 담당 직책으로 보인다. 진무는 조선시대 초기 각 도의 절제사영에 소속된 벼슬로서 뒤에 폐지되었다. 도절제사는 지방의 한 도에 관한 군사를 전제하여 담당하는 벼슬을 말하는데, 도순문사라 하다가 고려말기(1389년, 공양왕 1) 도절제사로 고쳐 부르는데, 3품 이상으로 임명하고 3품 이하 관원으로 임명하면 절제사(순문사)라 했다. 절제사節制使는 병마절제사의

---

42) 현 전남 보성군 벌교읍 징광리 소재(폐사지)

43) 비문은 김종수(金種秀)가 짓고 글씨는 황운조(黃運祚)가 써서 1786년에 세운 비이다.

44) 김동수, 「화순 쌍봉사 사적비명」, 『전남문화재』 8, 전라남도, 1995. "金倣은 光山김씨로서 태종 15년(1415)에 金堤의 知郡事로서 벽골제의 중수역을 감독하였고 세종 2년에는 古阜의 지군사를 지냈었다. 또한 그는 광주에 경양방죽을 새로이 만든 사람으로 널리 알려져 있고 광주의 증심사와 화순의 쌍봉사의 중창등에 크게 관여하였다. 그러나 이 글에서처럼 전라감사를 지낸 적은 없다(李東熙 편, 『조선시대 전라도의 감사·수령 명단』. 전북대 전라문화연구소. 1995 참조)"고 하였다.

준말로 각 지방에 둔 정3품의 무관 벼슬이었다. 전주, 광주[45], 경주, 평양, 의주, 함흥 등 여섯 곳에 두고 그 고을의 우두머리가 겸임하였고. 순문사라고도 하였다.[46] 이처럼 전라도 도절제사 진무라는 직첩을 받은 내용이 뒤에 전라도 관찰사를 역임했던 것으로, 그리고 절제사는 광주 등의 수령이 겸임했기 때문에 광주목사를 역임한 것으로 알려진 것이 아닌가 싶다.[47]

김방은 광주 효천면孝泉面 덕림리德林里 사람으로 전한다. 원래 덕림리는 조선후기 기록인 『호구총수戶口總數』(1789년)에 따르면 상촌上村리, 하촌下村리, 교촌校村리 등과 함께 공수방면公須坊面에 속했고 현재의 수기동, 사동, 구동 일대로 알려지고 있다.

이 공수방면은 일본강점기 시절 1914년 행정구역 통폐합시 도천면陶泉面, 효우동면孝友洞面, 부동방면不動坊面, 군분면軍盆面

45) 광주: "광주" 지명은 경기도 "廣州"와 전라도 "光州"가 있다. 조선 후기 광주(廣州) 부로 승격하면서 그 부윤이 병마절제사를 겸하게 된다.(『한국민족문화대백과』)

46) 오희복, 『봉건 관료기구 및 벼슬이름 편람』, 여강출판사, 1992 등 참조.

47) 한편, 김방과 유사한 시기에 활동을 했던 유방선(柳方善, 1388~1443)의 문집에 "贈金約之放"의 제영이 확인 되는데, 우리가 살펴 보는 김방과 같은 사람인지 검토가 필요하다. 원문만 제시해 둔다. 유방선은 송경(松京)에서 출생하며 본관은 서산(瑞山), 권근(權近)의 문인이다. 부친 유기(柳沂)는 1401년 익대좌명(翊戴佐命) 3등공신이 되고 1402년에는 전라도 관찰사가 된다. 원주 법천촌사(原州 法泉村舍)에서 세상을 떠난다.(『한국문집총간해제』 참조)
유방선, 贈金約之放, 『泰齋先生文集』1(한국문집총간 8집 578쪽); 南里有佳客 自道羲皇人 繞屋樹林疏 好鳥來相親 興酣酌春酒 半岸烏紗巾 身閒地亦偏 門巷無蹄輪 愧我苦拘束 役役官路塵 願爲歲寒交 從今當卜隣

등과 합하여 효천孝泉면이 된다. 덕림리는 다른 4개 마을(공수방면 상촌리·교촌리, 도천면 백운리, 군분면 연례리 일부)과 합해져 효천면 교사리校社里가 되고, 1935년에는 효천면과 지한면池漢面이 합해져 효지孝池면이라 하다가 1955년 7월 1일 광주시에 편입된다.[48)]

이렇게 볼 때 김방의 출생지 또는 거주지로 알려진 덕림리는 조선시대 후기에는 광주 공수방면에 속했다가 1914년 효천면에 속했으며 뒤에 효지면孝池面이라 하다가 광주면에 편입된 지역으로 지금의 수기동과 사구동 일대로 보인다.

이와 연관하여 일본강점기 광주 행정구역 변화를 살펴보자. 1914년의 지방행정구역 개편에 따라 종래 광주군의 각면 리를 폐합하고 광주에 면장을 두었는 바 읍성안을 성내면이라 했고, 성외의 공수방公須坊, 기례방奇禮坊, 부동방不動坊 등 1면 3방을 합하여 광주면이라 칭하게 되었다. 이때 같은 공수방면에 속했던 덕림리는 광주면에 속하지 않고 효천면에 속하게 되었다. 다시 1917년에는 면제를 개정하여 지정면제와 보통면제로 구분하였는데, 광주는 지정면이 되면서 일본인 면장이 임명되었다. 지정면이란 일본인이 많이 거주하고, 시가지의 면모를 갖추고 있는 곳을 대상으로 한 것이다. 그 10년 뒤인 1927년에는 관내의 면·방명面·坊名이 일본식의 정명町名으로 바뀌었고, 이어 1931년에는 광주읍으로 승격되었다.

48) 향토문화진흥원, 『광주동연혁지』, 호남문화사, 1991; 김정호, 『지방연혁연구』-전남을 중심으로-, 광주일보, 1988 등 참조.

현재의 보성군 벌교읍 척영리(일명 작고개)에는 조선시대 초기에 광주 덕림동에서 이거해 온 광산김씨 후손들이 집성촌을 이루며 살고 있다. 예전에는 이곳에 살던 광산김씨를 '작고개 김씨'라고 부를 정도로 번성하였다고 한다. 처음 이거해 온 입향조는 김방金倣이다. 낙안군은 백제시대 이래 독립된 고을이었는데 분차, 부차(백제), 분령(통일신라)이라고도 불렀고 고려 태조 23년(940)에 낙안군이라 하였다.[49] 1908년에 낙안군이 폐지되고 순천(읍내면, 내서면, 외서면, 동상면, 동하면, 초상면, 초하면)과 보성(남상면, 남하면, 고상면, 고하면)에 나누어 속하게 되었는데, 보성에 속했던 4개면은 1914년에 벌교면으로 통합되었다가 1937년에 벌교읍이 되어 오늘에 이른다.[50] 보성군 벌교읍 원당리 재궁에는 김방의 영정影幀을 봉안한 맞배지붕의 영당影堂과 재실이 있다. 그리고 후손(아들 김문발, 손자 김추정趨庭 등)들의 묘역도 있다.[51]

- 영정影幀 : 전남 보성군 벌교읍 원당리 재궁
- 영당影堂 소재지 : 전남 보성군 벌교읍 원당리 재궁, 맞배지붕 영당, 소슬삼문
- 재궁齋宮(齋室) 소재지 : 전남 보성군 벌교읍 원당리 재궁, 정면 4칸, 팔작지붕 재실, 소슬삼문, 세일사 - 음 10월 8일

49) 『신증동국여지승람』, 『대동지지』, 『낙안읍지』 등 참조.
50) 김정호, 『지방연혁연구』 등 참조.
51) 2005.8 현지 조사(김경수, 김영헌 참석); 『광산김씨 유적보감』 상·하, 월간 광산뉴스사, 2000도 참고가 된다(상권 199쪽, 하권 200쪽, 201쪽 등)

○ 묘역墓域 : 전남 보성군 벌교읍 원당리 재궁, 김방, 김문발文發(집현전 교리, 관찰사, 김방의 아들), 김추정趨庭(초계군수, 의정부 사인, 김문발의 아들), 김학례學禮(내자시 직장, 김추정의 아들)의 4세世 묘역

Ⅳ. 문인과 관인들의 유상처, 고경명·조희일·양경우

경양지는 광주 중심부에 있었고 농업수리시설이었지만 오늘날의 시각으로 보자면 그 자체가 일종의 관광지로도 활용되었던 듯하다. 실제 50여년 전의 사진에는 배를 타고 유람하고 있는 모습이 보인다.[52]

축조 당시만이 아니라 조선 후기 또는 근대에 이르기까지 경양방죽을 소재로 한 기문이나 시 등을 확인한다면 이들의 분석을 통해 당시 문인이나 관인, 또는 주민들 의식세계를 알아 볼 수 있을 것으로 보인다.

'경양景陽' 또는 '경호鏡湖'[53] 등이 제목에 포함된 제영은 다음과 같이 몇 건이 확인된다.[54] 우선 그 목록을 보자.

---

52) 이경모 사진 참조, 광주직할시, 『사진으로 본 광주 100년』, 1989, 113쪽.

53) '경호(鏡湖)'의 경우, 경양지의 별칭인 경호인지, 다른 지역에 있는 호수 이름이 경호가 있는지, 아니면 개인의 호(號)나 자(字)인지 등에 대해서도 함께 확인힐 필요가 있다.

54) 한편, 제영의 제목이 아니라 내용에서도 '경양', '경호'로 검색된 사례가 있다. 이처럼 자료의 조사와 수집은 지속적으로 이루어져야 하리라 본다. 조팽년(趙彭年, 1549~1612), 呈牧伯李丈, 『溪陰文集』; 風流刺史趁春來 喜慶

- 고경명高敬命(1533~1592), 경양모정景陽茅亭 국보청부國保請賦 시위찰방時爲察訪, 『제봉집霽峰集』[55]
- 양경우梁慶遇(1568~?), 광목죽음령공관어경양방축유시光牧竹陰令公觀漁景陽坊築有詩 차운次韻, 『제호집霽湖集』[56]
- 조희일趙希逸(1575~1638), 경양언상압호景陽堰上押呼 시양장성示梁長城, 『죽음집竹陰集』[57]
- 조희일趙希逸(1575~1638), 차次, 『죽음집竹陰集』[58]
- 황윤석黃胤錫(1729~1791), 경양호景陽湖, 『이재유고頤齋遺藁』[59]
- 이학규李學逵(1770~1835), 경양호景陽湖, 『낙하생집洛下生集』/『죽수집竹樹集』[신유辛酉][60]
- 정약용丁若鏞(1762~1836), 과경양지過景陽池, 『여유당전서與猶堂全書』[61]

樓前桃杏開 槜散十年同臭味 景陽堤上把深杯(전남대학교 중앙도서관, 811.9 조842ㄱ); 조정만(趙正萬, 1656~1739), 發長城 至光羅分路處 頗覺依然 馬上口號, 『寤齋集』 卷二 詩(한국문집총간 속집051책 452쪽): 龍江西畔路逶迤 馬首光羅兩邑岐 忽似重臨錦城館 居然更過景陽池 自憐身比年前老 還媿民無去後思 風詠名亭依舊在 尙看吾祖有遺詩; 김윤식(金允植, 1835~1922), 次揚波亭韻[鶴傘和尙自瑞石山藥師庵來訪 示揚波亭詩要余和之 主是亭者光州詩人鄭洛敎 亦雅士也有], 『雲養續集』권1(한국문집총간 328책 542쪽): 此名亭得所歸 子眞豈欲世相違 鏡湖春水觀魚樂 柳墅秋烟放鶴飛 夢裡功名都是幻 胸中邱壑可堪依 幽居勝事無人識 惟許隣僧欵竹扉(『누정제영』 앞책, 445쪽).

55) 『霽峯集』(한국문집총간 42책 51쪽). 본문 참조.

56) 『霽湖集』(한국문집총간 73책, 488쪽); 『梁大司馬實紀』 5. 본문 참조.

57) 『竹陰集』(한국문집총간 83책, 196쪽). 본문 참조.

58) 『竹陰集』(한국문집총간 83책, 196쪽). 본문 참조.

59) 『頤齋遺藁』(한국문집총간 246책, 36쪽). 極目春波五里堤 平分野色水東西 遊人莫遣攀楊柳 留等嬌鶯恰恰啼

60) 『洛下生集』/『竹樹集』[辛酉](한국문집총간 290책, 222쪽). 光州樓榭碧湖東 水步斜連鏡裏通 野老踏沙催下網 行人倚石看推篷 新春浪激蛟鼉際 盡日風生荷芰中 物色南來足佳賞 離懷長是惜飄蓬.

- 장태경張泰慶(1809~1887), 경호수鏡湖水, 『우잠만고愚岑漫稿』[62]
- 이곤수李崑壽(1808~1888), 유경호遊鏡湖, 『심재집心齋集』[63]
- 오횡묵吳宖默(1834~1906), 경양역景陽驛 경호鏡湖 연화성개蓮花盛開 정거부시停車賦詩, 『총쇄叢瑣』[64]
- 이용헌李龍憲(1851~1895), 야과경호夜過鏡湖, 『오산유고梧山遺稿』[65]
- 고광열高光烈(1876~1958), 동유경양同遊景陽, 『니산유고尼山遺稿』
- 김영덕金永德, 경호축수鏡湖築水-연파정蓮坡亭 팔경운八景韻-[66]
- 최석휴崔錫休, 경수홍우鏡水紅藕-운림당雲林堂 팔경八景-, 『운림당시문집雲林堂詩文集』[67]

지금까지 확인된 가장 이른 시기의 시문은 1570년(선조 3) 전후로 보이는 제봉 고경명(1533~1592)의 시이다. '景陽茅亭國保請賦 時爲察訪(경양 모정에서 국보가 시를 청하였는데 당시

61) 『與猶堂全書』(한국문집총간 281집 7쪽). 본문 참조

62) 『愚岑漫稿』汀蘭崖芷挾郊洞 十里烟霞暎不孤 朝堯夕昏千萬像 依俙賀老四明圖(한국한의학연구원, 『국역 우잠만고·우잠잡저』, 2010, 86쪽)

63) 『心齋集』瑞石山前鏡面波 四圍遙望綠陰坡 百頃淪漣占地濶 千疇灌漑利人多 夜月精神涵翠藻 秋風勝槩溢香荷 採得芳菲誰欲鱠 淯淯隔水女娘歌(전남대학교 중앙도서관, OC 4B1 이15ㅅ)

64) 『叢瑣』10(한국문집총간 속141책). 長林十里景陽前 止水鏡閉萬朶蓮 风度絳苞杳冉冉 月斜綠葉影田田 客懷盃擬遊山簡 草色詩溱夢惠連 放出眞妃能採縷 故敎俗子繫仙綠

65) 『梧山遺稿』鏡湖十里路 隨月夜歸來 尙有靑雲志 尋常過釣臺(전남대학교 중앙도시관, OC 4B1 이66ㅇ)

66) 鏡湖環匝岸 外柳中含蓮 隱隱照人在 不流築水蓮(『누정제영』 앞책, 456쪽)

67) 『雲林堂詩文集』鏡水如盤烟翠籠 鳥巾間倚北窓風 風來往往淸香聞 知有芙蓉萬朶紅(전남대학교 중앙도서관, OC 2G3 운239ㅊ; 『누정제영』 앞책, 551쪽)

찰방이 되었다.)'는 제목이다. 경양지에 모정이 있었고 국보國保라는 관인이 시를 청하여 지었고, 국보는 당시 찰방이 되었다는 것이다. 아마도 경양역 찰방과 관련이 있는 것 같다. 경양역과 경양지는 인접해 있어서 앞 부분의 '경양景陽이 지칭하는 대상을 바로 적시하기는 어려운 점이 있다. 그러나 내용 가운데 '정자와 연못은 숲언덕을 향해 있네(亭沼面林皐)'라는 구절이 있어 경양지와 관련있는 것으로 보아도 될듯하다. 국보國保는 윤시침尹時忱(1539~?)의 자字로 보인다. 윤시침은 1568년(선조 1, 무진) 증광시增廣試 진사에 입격하는데, 방목에 자가 국보國保로 나온다. 윤화尹和의 아들이며, 전력前歷은 찰방, 본관은 파평, 거주는 경京으로 기록되고 있다.[68] 유희춘의 『미암일기』 1570년(선조 3 경오) 3월 29일과 12월 16일 기록에 경양찰방 윤시침이 나오고 있어[69] 고경명과의 교류는 1570년 전후로 보인다. 고경명은 1558년(명종 13) 문과 급제 한 뒤 여러 관직을 거쳐 1563년 홍문관 교리로 승급 되었다가 가을에 울산군수로 나가도록하자 부임하지 않고 시골로 내려와 있었다. 이후 윤시침과 교류한 것 같다. 『제봉집』에는 '贈國保別[國保構小亭於驛傍 名日香碧](국보와 작별하면서[국보가 역 곁에 조그마한 정자를 짓고 이름을 향벽정이라 하였다])[70], 國保來訪用

68) 『융경2년무진년증광사마방목(隆慶二年戊辰年增廣司馬榜目)』(국민대학교 성곡도서관[고350.48 융01])(한국역대인물종합정보시스템[http://people.aks.ac.kr])]

69) 夕 監司 遣景陽察訪尹時忱問安 約以相見於南原 余以十一日發行 十二日會於南原云/ 辰時 光州牧使李公純亨 奉判官具洽子和 察訪尹時忱 并酒果妓樂來訪(『미암일기』 경오년(1570) 3월 29일/12월 16일).

皐韻 爲贈[時將向京師](국보가 찾아왔기에 예전의 「皐」자의 운에 따라[국보가 당시 경사로 향하던 참이다])'[71]라는 시가 있다. 앞의 시는 윤시침이 경양역 곁에 향벽정을 지었음을 알 수 있다. 뒤의 시는 경양역 찰방 임무를 마치고 경사로 올라갈 때 지어준 시이다.

경양 모정에서 국보가 시를 청하였는데 당시 찰방이 되었다.
景陽茅亭 國保請賦 時爲察訪

떠도는 신세 어디고 다 고향같지	客久同吾土
일없는 관직 마조보다 한적하구나.	官閑似馬曹
넓은 들판은 정읍으로 통했는데	郊墟紆井邑
정자와 연못은 숲 언덕을 향해 있네.	亭沼面林皐
문득 마음 속 상쾌함을 느끼고	頓覺襟靈爽
의장이 높음을 깊이 탄식하네.	深嗟意匠高
분분하게 저 좌치만 일삼는 이는	紛紛坐馳者
죽을 때까지 괴로움도 모른다오.	終歲不知勞

고경명의 시에 이어 1624년(인조 2) 가을의 경양지 풍경을 읊은 당시 광주목사 조희일趙希逸(1575~1638)의 시와 이 시에

70) 『霽峯集』(한국문집총간 42집 60쪽); 久厭輪蹄鬧 頻驚歲月奔 有亭供嘯傲 無物惱襟魂 不獨賓毋忘 能令馬大蕃 新知輸老子 莫怪淚河飜

71) 『霽峯集』(한국문집총간 42책 51쪽); 峽裡僑棲客 猿猱之與曹 尋源時對壑 射雉幾如皐 狎楚心常折 防巴語不高 親知倘相問 京國夢魂勞

차운한 양경우梁慶遇(1568~?)의 시가 있다. 조희일은 1624년(갑자)에 광주목사로 부임하였는데 경양지에서 낚시를 구경하면서 지은 시 2수가 있다. 내용으로 보아 시기는 1624년 가을로 보인다. 그리고 이 시에 차운한 양경우의 시가 있다.[72] 양경우의 문집에는 경양방죽에서 만난 다음날 광주목사 조희일에게 지어준 시(翌日追賦 呈牧伯)가 더 있다.[73]

광주목사 조희일의 시는 다음의 내용이다. (〈자료 1〉 참조)

경양언에서 양장성에게 보이다 景陽堰上押呼 示梁長城[74]

서리 맞은 무성한 잎은 높은 가지에서 떨어지고	抱霜殷葉墮危枝
땅이 따뜻한 강남에선 계절도 느릿느릿 가네	地暖江南節較遲
늙은 몸이 힘없다고 한탄치 마시게나	莫恨白頭成潦倒
친지를 생각하면 반가움에 두 눈이 번쩍이네	且開青眼向親知
옛 성첩 해질녘엔 갈가마귀 깃들이고	栖鴉古堞烟光薄
먼 봉우리로 해지니 기러기 돌아오네	回鴈遙峰日脚垂
길 가의 여자아이들 웃더라도 상관 마소	任使女兒攔道笑
모자 비끼 쓴 것은 달이 밝기 때문 일세	接䍦斜影月明時

72) 이 시는 필자의 제공으로 『광주땅이야기』(김경수, 향지사, 2005)에도 소개된 바 있다.

73) 『霽湖集』(한국문집총간 73집 488쪽); 東閣宮梅問幾枝 臘前芳信未全遲 名州物色天應借 此老詩情我最知 聚散關心尊酒盡 昇沈入夢鬢絲垂 明朝柱笏看山處 想見孤雲似別時 / 衰柳全無贈別枝 驪駒唱徹解携遲 那期白首仍深眷 莫道靑雲少舊知 憂樂閱來身已老 路岐多處淚先垂 公今不久歸匀軸 未識重逢定幾時

74) 조희일과 양경우의 시는 최한선 교수의 국역문을 참고하였다.

차 次

몸은 남쪽 가지 꿈꾸는 월나라 새와 같은데　身如越鳥戀南枝
천리 돌아갈 길 너무 늦어 한숨이 절로 나네　千里歸程恨太遲
술이 있으므로 좋은 흥이 더욱 도도하고　把酒詎能陶好興
글을 얘기함에 마음 알아줌을 헤아리겠네　論文猶足托心知
바람 부는 정자에선 거문고 소리 나직하고　風亭錦瑟差池約
달뜨는 강가에선 낚싯대 적막 속에 드리우네　月渚漁竿寂寞垂
예로부터 재주 있는 자 유용하게 쓰였나니　從古有才要有用
응당 허사로이 밝은 시절 보내지 않으리라　不應虛老聖明時

양경우의 시는 다음과 같다. (〈자료 2〉 참조)

광주목사 죽음공이 경양방죽에서 낚시를 구경하며 시를 지었기에 차운을 쓰다. 光牧竹陰令陰公 觀漁景陽坊築有詩 次韻

서리 지나간 나뭇가지가 모두 낙엽되었으니　錦樹經霜葉脫枝
성 서쪽 이 모임 더딘 것이 아쉬워라　城西此會恨差遲
마을에 사건이 없으니 정치에 쉬는 날 많고　村居無事政多暇
목사께서 노닌 것을 백성은 알지 못해　太守出遊民不知
넓은 물에 뛰노는 고기는 비늘이 큼직한데　水濶跳魚鱗鬣壯
차가운 하늘에 고달픈 학이 날개를 드리웠어　天寒病鶴翅翎垂
악기 따위는 정이 없어 일평생 싫어하며　生憎畵角無情極
화려한 수레는 잠시도 가까이 두지 않았네　不許華軺駐少時

광주목사를 지낸 조희일은 조선 중기 문신·문장가으로 자는 이숙怡叔, 호는 팔봉八峰 또는 죽음竹陰, 본관은 임천林川이다. 1601년(선조 34)에 진사가 되고 1602년(선조 35) 별시 문과로 급제, 승문원 저작랑承文院 著作郎, 홍문관 수찬, 예조 좌랑을 지냈다. 특히 시문詩文에 능하고 글씨에도 달통하였다. 선조는 그의 시가 원기元氣가 있음을 칭찬한 바 있고 필법筆法이 한석봉과 필적할 만하다고 하였다. 그 뒤 시강원 문학侍講院 文學, 사간원 정언을 거쳐 1608년(광해군 즉위년) 문과 중시에 합격하여 1609년(광해군 원년)에는 호당湖堂에 들어갔다. 1623년(경종 3) 인조반정 이후 다시 기용되어 교리, 광주목사, 예조 참판을 지냈다. 예조좌랑으로 있을 때 중국 명明나라 사신 주지번朱之蕃을 맞이하여 시명詩名을 떨쳤다. 직언을 서슴지 않아 권신들의 미움을 사기도 하였으나 이에 굴하지 않고 직분에 소신을 다하였다. 문장과 서화에 능하였다. 저서에 『경사질의經史質疑』와 문집으로 『죽음집竹陰集』이 있다.

광주목사 조희일에게 시를 보낸 양경우는 조선시대 중기의 학자이며 문신이다. 자는 자점子漸, 호는 제호霽湖, 요정蓼汀이며 본관은 남원南原이다. 문인으로 이름난 의병장 청계 양대박(1543~592)[75]의 아들이다. 장현광張顯光의 문하에 들어가 배웠으며, 1597년(선조 30) 별시문과에 급제한 뒤 죽산竹山과 연산連山의 현감을 지내고, 이어 판관判官이 되었다. 1616년(광

75) 양대박에 대해서는 김희태, 「양대박과 청계동 관련 자료」, 『곡성 청계동 학술조사』, 곡성군, 2005. 7쪽~48쪽 참조.

해군 8) 다시 문과 중시文科重試에 급제하여, 교리校理를 거쳐 봉상시 첨정奉常寺僉正에 이르렀고, 장성, 해미의 수령을 지냈다. 이조참의吏曹參議에 추증되었다. 문집으로 『제호집』, 저서로 역대 한시에 대한 설화와 비평을 실은 『제호설화霽湖說話』가 있다. 조희일 광주 목사의 시 제목에 양 장성에게 보이다[示梁長城]라는 기록으로 보면, 경양방죽 관련한 시를 지을 때는 장성 고을의 수령을 지낸 시기로 보인다.

제영문으로 확인된 것 가운데 다산 정약용(1762~1836)이 남긴 다음의 시는 이미 잘 알려져 있다.[76] 다산이 처음 전라도와 인연을 맺은 것은 16세 되던 때 부친(정재원)이 화순현감이 되어 왔을 때이었다. 정재원은 1777년 1월 화순현감으로 부임한다. 정약용은 이 때 형들과 함께 이 지방을 방문하였다. 이후에도 전라도를 지나갔다. 그는 무등산유람기[遊瑞石山記]나 동복의 적벽 유람기[遊勿染亭記], 화순의 동림사독서기東林寺讀書記 등의 기문[77]과 함께 여러 편의 시를 남겼는데 광주 경양방죽을 지나면서도 시를 남긴다.

이 시는 정약용의 문집인 『여유당전서』에 실린 다산시문집 제1권에 있는데 제목 다음에 '기해년이다. 이때 중형과 함께 한양으로 가던 길이었는데 2월이었다(己亥 時與仲氏 同赴漢陽 二月也)라는 보주補註를 달고 있다. 18세 나던 1779년 2월에 중형 정약전과 함께 서울로 가는 길에 지은 것인을 알 수 있다.[78]

---

76) 광주시립민속박물관, 『광주의 길과 풍물』 전시 도록, 2002 외.

77) 정약용, 遊瑞石山記·遊勿染亭記·東林寺讀書記, 『여유당전서』문집 권13

그리고 '다산 18세 때인 정조 3년(1779)의 작품인데, 이후 '삼가 부친의 운에 화답하여 유일상인에게 부치다[奉和家大人韻簡寄有一上人]'까지 18수는 모두 같은 해에 지은 것이다. 경양은 전라도 광산현光山縣의 동쪽 8리에 있던 지명으로, 그곳에 역참驛站이 있었다.'라는 역주譯註가 있다.

경양방죽을 지나며 過景陽池[己亥○時與仲氏 同赴漢陽]
二月也[79](〈자료 7〉 참조)

잡목은 큰길가에 늘어섰는데 雜樹臨官道
역루의 가까운 곳 저수지 하나 芳池近驛樓
얼굴 비친 봄물은 아득히 멀고 照顔春水遠
저문 구름 두둥실 한가롭기만 隨意晚雲浮
대밭 성해 말 몰기 여의치 않고 竹密妨行馬
연꽃 피어 뱃놀이 제격이로세 荷開合汎舟
위대할사 저수지 관개의 공력 弘哉灌漑力
일천 이랑 논물에 물이 넘치네 千畝得油油

앞에서도 언급했지만, 청년 정약용의 눈을 통해 읊은 경양지 시를 통해 서경적인 경관을 읽을 수 있다. 울창하게 우거진 나무와 큰 길, 그 길로 이어지는 곳에 보이는 역루 건물과 저

78) 『여유당전서』의 이 시 이후의 시들로 보면 화순에서 서울로 올라가는 경로가 경양지 다음에 순창, 염암, 용계판, 연기, 초천임을 알 수 있다.
79) 『여유당전서』 제1집 시문집 제1권(한국문집총간 281집 7쪽).

수지. 일종의 비보숲과 저수지 경관을 알 수 있다. 그리고 관도官道라는 표현을 통해 당시 주 교통로로서 요즈음의 국도라는 것을 알 수 있고, 역루驛樓를 통해 경양역과도 바로 연결되는 교통의 요충지임을 알 수 있다. 2월, 봄의 경관도 나타난다. 멀리 보이는 봄물과 두둥실 한가롭기만 한 구름. 연꽃이 피어난 경양호에서 뱃놀이가 제격이라는 휴식과 교류의 공간. 그런데 교통로이며 교류공간이기는 하지만, 농업용수를 대는 위대한 관개를 이루었던 공력 또한 그 어느 것보다도 중요함을 말하고 있다. 또 그 공력의 위대함을 기리면서 드넓은 농경지에 물이 넘치기를 기원하고 있다.

Ⅴ. 맺음말 －경양지의 복원활용과 역사인물의 현양－

이상에서 광주의 명소이자 농업관개시설로서 활용을 해 왔던 경양지에 대해서 명칭과 축조설과 관련된 인물인 김방의 행적, 관련 시문에 대해서 조선시대 기록을 중심으로 정리해 보았다. 이상에서 살핀 내용을 요약정리하고 몇 가지 제안하는 것으로 글을 맺고자 한다.

경양지의 명칭은 모두 10개가 확인되었다. '경양'이라는 지명을 많이 사용하고 있으며 경양역과 연관된 것을 보인다. 그리고 위치는 행정치소인 광주읍성과 교통시설인 경양역의 중간 지대로서 광주－장성을 잇는 주 통행로가 가로 지르고 있었다. 그리고 '금교방축', '금교제', '경호', '서방지' 등의 다른 이름도 있었다.

이름은 두 가지 경향으로 크게 나뉜다. 물을 막은 둑을 중심으로 부여된 명칭과 가두어 둔 물을 중심으로 부여된 명칭이다. '금교방축', '경양언', '경양제' 등이 제방을 중심을 기록한 것이라면, '경양지', '경양호', '경호' 등이 물을 중심으로 기록한 것이다. '경호영지', '연지', '영지' 등 다른 이름도 더 전 해온다.

경양지의 축조시기는 조선시대 초기로 알려져 오고 있고, 김방이 축조자로서 여러 가지 전설도 전해온다. 그러나 구체적인 기록으로는 좀더 확인이 필요하다. 다만 김방의 행적과 활동을 살펴 본 결과, 벽골제 보수 등 농업 관개 수리 시설의 확충 등에 특별한 역량이 있어 국가로부터 인정을 받았음을 알 수 있었다. 그의 실학적 활동에 대한 재평가와 함께 현양이 필요하다고 여겨진다.

경양지에 관련된 시문은 다산 정약용의 청년시절 시가 잘 알려져 있었다. 조사를 통하여 1570년 전후의 고경명이 지은 시가 확인되었다. 이어 1624년(인조 2) 광주목사를 지낸 죽음 조희일의 시가 확인되었다. 이 시에 차운한 제호 양경우의 시도 있었다. 17세기 초반 지방관을 지낸 문관 조희일의 시가 서정적이라면, 18세기 후반 이곳을 여행하던 청년 정약용의 시는 서경적이라고 할 수 있다. 이처럼 시문을 통하여서도 지역 공간에 대한 인식을 알 수 있다. 광주목사 김선은 경호의 정자에서 장성, 순창, 담양, 옥과 등 인근 수령들과 경양지(경호)의 연꽃 감상을 하기도 한다. 오횡묵은 십리 늘어진 경양호의 만개한 연꽃을 보고 관찰부에 보고하러 가던 길을 멈춰서 시를 짓기도 한다. 이밖에도 여러 문인과 관인들의 시를 확인할 수 있어서 경양지는 유상처로도 인식되고 활용되었음을 알 수 있다.

다음으로 제안사항이다. 우선, 경양방죽의 복원과 활용에 대해서 검토할 필요가 있다. 지나간 역사현장의 복원은 어려운 점이 많다. 필자가 제안한 복원의 의미는 현장을 당시 그대로 복원하자는 것은 아니다. 현실적으로도 어렵다. 여기에서 복원은 인식認識의 복원이다. 상징적인 복원을 해 보자는 것이다. 경양방죽이 농업관개시설이었지만, 조선시대 문인이나 관인이 남긴 기록을 통해서 보았듯이 문화교류의 공간이기도 하였다. 또한 광주의 형국과 관련하여 비보의 기능도 일정 부분 있었다. 그렇다면 이런 부분을 중심으로 일정 장소에 상징적으로 복원하자는 것이다. 현재의 계림동 구시청 일대 일정 공간도 좋고[80], 국립 아시아문화전당 내의 한 한 공간이라도 좋다. 일정시기별로 광주의 축소 모형도를 제작하고, 한편으로 경양방죽 중심의 모형도를 복원하거나, 실제 물을 담는 공간을 확보하여 그곳에 기록과 전설과 모형을 함께 배치하여 역사 공간, 문화쉼터로 활용하자는 것이다. 물론 기록과 전설과 현장에

80) 광주광역시청사의 이전을 전후하여 여러 논의가 제기되었지만, 구체적인 실행계획은 마련되지 못하고 구시청공간은 다른 건물이 들어섰다. 이제라도 지혜가 모아졌으면 한다.

대하여 자료를 더 수집 고증할 필요성은 있다. 중요한 것은 수집 고증이 이루어지더라도 외형의 형태 복원이 아닌, 내면의 정신과 인식의 복원이어야 한다는 것이다.

다음으로는 김방이란 역사 인물에 대한 현양 사업이 필요하다. 15세기에 당시 최대의 농업 관개시설인 벽골제를 중수할 때 주도적인 역량을 발휘할 정도로 경륜과 기량을 갖춘 광주의 역사 인물을 드러내고 알려 보자는 것이다.

마지막으로 관련자료의 수집과 정리가 필요하다. 지금까지 구전자료가 더 많이 알려져 왔지만, 앞에서 정리한 것처럼 경양지에 대해서는 다양한 문헌기록 자료가 전해진다. 그리고 근대 이후의 자료도 있다. 이들에 대하여 분야별, 시기별 조사 수집과 함께 종합적인 정리가 있었으면 한다.

이 글이 보완할 부분이 많긴 하지만, 제안의 실현을 위한 기초자료로 활용된다면 더없는 다행이겠다.

경양방죽 설화의 전승 담론과 서사 전략

이옥희

Ⅰ. 머리말

광주 경양방죽[1]은 매립되어 현존하지 않음에도 불구하고 광주 지역 사람들에게 장소성을 획득한 채 회자되고 있는 여전히 유의미한 공간이다. 정약용이 저술한 『아언각비雅言覺非』의 호수를 설명하는 항목에는 제천의 의림지義林池, 합창의 공골지空骨池, 덕산의 합덕지合德池, 김제의 벽골제碧骨堤, 광주의 경양지景陽池, 연안의 남대지南大池가 기재되어 있다.[2] 규모, 역사성, 기능 등을 고려하여 우리나라의 대표적인 호수를 열거하였을 것이다. 이 책에 언급된 저수지들은 대체로 축조에 대

---

* 이 글은 호남학연구원, 『호남문화연구』 제64집, 2018에 수록되었음.

1) 경양방죽의 명칭은 경양방죽, 景陽防築, 景陽堰, 景陽堤, 金橋防築, 金橋堤, 鏡湖, 瑞坊池 등으로 다양하게 호명되었는데, 이 글에서는 현시대에 주로 명명되고 있는 '경양방죽'이라는 용어로 통일하였다.

2) 정약용, 「雅言覺非」, 『與猶堂全書』.

한 기록이 존재하는데 비해 경양방죽은 축조와 관련된 역사기록이 존재하지 않는다. 따라서 경양방죽을 축조한 시기를 확정할 수 없고, 저수지를 축조한 주체가 국가인지, 개인인지도 알 수 없다. 『고려사』, 『조선왕조실록』과 같은 관찬서를 비롯하여 개인 문집에도 경양방죽 축조에 관한 내용은 실려있지 않다.

그런데 16세기부터 경양방죽은 광주에 거주하거나 광주를 경유하는 인사들의 시문詩文에 등장함으로써 그 존재가 자연스럽게 표출된다.[3)] 시문 속의 경양방죽은 버드나무가 드리우고 연꽃이 피어있고, 시인묵객들이 뱃놀이를 즐기며, 낚시를 하는 경관을 갖고 있으며, 관개시설로써의 기능을 충실히 담당했음을 보여준다.[4)]

광주 일대의 대표적인 호수로 손꼽히는 경양방죽을 "누가, 언제, 왜, 축조했던 것인가?" 라는 의문은 풀지 못한 수수께끼처럼 오늘을 살아가는 우리들에게도 질문을 던진다. 그런데 역사적 기록에서는 찾을 수 없는 사실들을 설화에서는 확인할

---

3) 고경명, 「景陽茅亭國保請賦時爲察訪」, 조팽년, 「呈牧伯李丈」, 조희일, 「景陽堤上押呼示梁長城」, 정약용, 「過景陽池」 등; 광주시립민속박물관(2018), 「경양방죽 관련 시가」, 『경양방죽과 태봉산』, 광주시립민속박물관, 49~60쪽 참조.

4) 대표적으로 정약용의 시에는 "잡목은 큰길가에 늘어섰는데 역루의 가까운 곳 저수지 하나 얼굴 비친 봄물은 아득히 멀고 저문 구름 두둥실 한가롭기만 대밭 빽빽해 밀 골기 어의치 않고 연꽃 피어 뱃놀이가 제격이로세 위대하구나, 저수지 관개의 공력 일천 이랑 논들에 물이 넘치네"라고 하여 경관이 아름다우면서도 농업용수로써 기능을 담당하는 경양방죽의 면모가 잘 드러나 있다.

수 있다는 점이 주목된다. 경양방죽 설화에는 경양방죽의 축조 시기와 주체, 축조의 목적과 방법이 구체적으로 제시되어 있다. 문제는 그 주체들이 단일하지 않고 이야기되는 내용들이 역사적 기록 혹은 다른 설화들과 충돌한다는 점이다. 이러한 모순점들 때문에 설화의 자료적 가치를 인정하지 않거나 소홀히 여기는 연구자들도 있다. 하지만 아이러니하게도 서로 다르고 충돌하는 지점에서 설화를 만들고 전승하는 목적을 발견해 낼 가능성이 높다.

설화는 기억된 역사이자, 상징적 언표로 이루어진 문예적 상관물이다. 이와 관련하여 "역사가 권력자의 이해관계를 대변하는 이데올로기라면 기억은 억압되고 잊혀진 진실에 해당된다"는 견해를 참고할 만하다.[5] 역사적 사실과 정합되지 않는 설화 속 사실들이 만들어지게 된 배경에 주목함으로써 설화를 만들고 전승하는 사람들이 이야기하려는 억압되고 잊혀진 진실을 찾는 것이 이 글의 목적이다. 경양방죽 설화를 향유하고 전승하는 주체들의 정치사회적, 역사문화적 입장을 드러내는 다양한 언술과 인식의 실체를 확인함으로써 경양방죽 설화의 전승 담론을 살피고,[6] 어떠한 서사 전략으로 담론을 실현해 가는지에 대해 규명하고자 한다.

---

5) 전진성(2005), 『역사가 기억을 말하다』, 휴머니스트, 15쪽.

6) 한정훈(2017)의 선행연구(「도시에서 공간의 소멸을 둘러싼 담론 형성과 지향 -광주 경양방죽과 태봉산을 대상으로-」, 『한국민속학』 제66집, 61~94쪽)에서 경양방죽을 둘러싼 담론의 층위를 살핀 바 있지만 이 글에서는 설화에 집중하여 구체적으로 논지를 전개하려고 한다.

Ⅱ. 수집 채록된 경양방죽 설화의 자료 현황

경양방죽 관련 설화는 지금까지 여러 편이 채록되었는데, 일률적으로 바라볼 것이 아니라 수집 채록된 시기를 고려해 통시적으로 살펴 볼 필요가 있다.

경양방죽에 관한 설화를 기록한 가장 오래된 자료는『황성신문』1902년 6월 9일 기사이다.

> (전략)아방피지지최입자我邦陂池之最入者ᄂᆞᆫ 유금제지벽골제有金堤之碧骨堤와 고부지눌제古阜之訥堤와 익산전주지간황등제益山全州之間黃登堤와 함창지공검지咸昌之恭檢池와 제천지의림지堤川之義林池와 덕산지합덕지德山之合德池와 **광주지경양지**光州之慶陽池와 영유지덕지永柔之德池와 연안지남대지등延安之南大池等이 개피지지거자이유대리어일방皆陂池之巨者而有大利於一方ᄒᆞ야 **차개자나제지대此皆自羅濟之代로** 극일국지역이성축極一國之力而成築ᄒᆞ고 고려이래高麗以來로 지국조至國朝히 누가수축屢加修築ᄒᆞ야 미세몽리야未世蒙利也러니(후략)[7]

이 기사는 "익사보거피지지리益思洑渠陂池之利"라는 제목으로 쓰여진 논설로 작성자의 이름은 따로 기록되어 있지 않아 당시 황성신문에 소속된 인물이 작성했을 것으로 추정된다. 작성자는 "우리나라 서수시 중에서 김제 벽골제, 고부 눌제, 익

7)『황성신문』1902년 6월 9일자 기사.

산 전주 사이에 있는 황등제, 함창의 공검지, 제천의 의림지, 덕산의 합덕지, 광주의 경양지, 영유의 덕지, 연안의 남대지 등이 활용도가 높은데 이들은 모두 신라백제시대부터 있었으며 나라 차원에서 만들었고 고려 이후로 나라에서 보수해왔다고 쓰고 있다.

이 기사에서 별다른 설화적 서사는 발견되지 않지만 저수지들이 모두 신라백제시대부터 있었다는 언술 자체가 역사적 고증을 전제하지 않은 설화적 언술이라고 할 수 있다.

다음 자료는 일제강점기 중추원 조사자료인 「수리水利에 관關한 구관舊慣(水利ニ關スル舊慣)」(1913)이다.

> 전라남도全羅南道 광주군光州郡 서양면瑞陽面 병문동屛門洞 김교평金橋坪의 금교제金橋堤(일명 경양제景陽堤)는 광주光州의 부호 김방金昉(전하기는 광산光山 김씨의 조상이라고 하는데, 문헌비고文獻備考 씨족고氏族考에 근거하면 중현대부삼중대애○수령지후위일파○혹운경주인단설십사세손中顯大夫三重大厓○首靈之後爲一派○或云慶州人段說十四世孫이라고 하므로 고려조高麗朝인 것은 명확하지만, 그 연대는 자세하지 않다)이라는 사람이 자기의 소유지 303두락斗落을 제공하고, 부근 4개 면의 몽리자로 하여금 굴착掘鑿하게 하고 이들 몽리자의 공유지로 하였다고 한다.
>
> 김방은 무등산 아래 하천 물을 제로 끌어 들여서 수량을 풍부하게 하려고 기획했지만 중간에 작은 언덕이 있어서 주저하였다. 그때 하늘에서 눈이 내렸는데 광주군光州郡 읍내 굉탄제轟灘堤에서부터 이 제언에 이르는 길의 눈이 녹는 것이 늦어지는

> 것을 보고 이를 따라서 수로를 설치했다고 한다.[8]

이 자료에는 김방의 한자가 김방金昉으로 표기되어 있지만 조선조의 역사적 인물인 김방金倣과 동일 인물인 것으로 보여진다. 이 자료에서는 수리시설의 소유관계를 정리하면서 우리나라 제언堤堰은 관유官有 민유民有가 있음을 적고 있다. 우리나라 제언의 대부분은 관유제언으로 신라 벽골제를 시작으로 그 이후 모든 도의 크고 작은 다수의 제언은 대부분이 관이 설치한 것이라고 하였다. 민유제언은 공유제언共有堤堰과 개인소유제언으로 나뉘는데 공유제언의 하나로 경양방죽을 언급하였다.

다음의 자료는 일본인 아마모토데스타로[山本哲太郎]가 집필한 『광주군사光州郡史』(1933)이다.

> 서방지瑞坊池 다른 명칭으로는 경양지景陽池라고도 하고 옛날에는 경호라고 칭하였다. 면적은 21정 8만 남짓으로 광주 군내에서 제일가는 저수지이다. 그 창설 연대에 관하여서는 문헌의 증빙할 만한 것을 아직 발견하지는 못하였으나, 전설에 의하면 군내의 효천면 덕림리에 거주하였던 김방金倣이라는 분이 논의 관개수를 저류貯留할 목적으로써 둑을 축조한 것이었다고 말한다. 김방은 전설로는 지방의 대지주이며 유명한 금만가(부자)였다고 한다. 관직도 관찰사였다고 말한다. (중략) 김방의 자손은 현재도 순천군 낙안면에 거주하고 있다. 지금

8) 중추원조사자료(1913), 「水利에 關한 舊慣」; 국사편찬위원회, 한국사데이터베이스 일제강점기.

으로부터 30여 년 전에 경양지를 준설할 때 그의 자손이 와서 선조가 축조에 관계된 저수지라고 하여 엽전 20냥을 기부하였던 일이 있었다고 한다.[9)]

이 자료에서는 '전설에 의하면'이라는 전제하에 김방이 관개수를 저류할 목적으로 둑을 축조하였는데, 김방은 광주의 대지주이자 부호였으며 관직이 관찰사였다고 하였다. 30여 년 전 경양지를 준설할 때 김방의 자손이 선조가 관계된 저수지라고 하여 기부금을 낸 사설을 기록하고 있는 점이 주목된다. 앞서 제시한 1913년의 기록이 기부금을 낸 김방의 자손에게 들은 구전에 기초하고 있음을 추정해 볼 수 있다.

다음의 자료는 『전라남도향토사』(1964)의 「의공보은蟻公報恩의 경양지景陽池」에 수록된 내용이다.

광주 서방에 사는 마음씨 고운 이모李某가 큰 비가 내린 후에 내천에 떠내려가는 개미집을 발견하고 마른 땅에 놓아주었는데 이후 개미떼가 쌀을 물어다 마당에 쌓아두어 큰 부자가 되었다. 몇 년 후에 광주에 가문이 들어 백성이 굶주리자 구제하려고 서창을 열었는데 창고에는 빈 가마니만 들어있었다. 갑자기 거부가 된 이씨가 도적으로 몰려 관아에 끌려갔다. 이씨는 개미떼 이야기를 털어놓아 석방되었다. 풀려나온 이씨는 가뭄 해결이 백성들의 굶주림을 면할 길이라는 사실을 깨닫고

9) 구라모토 다이끼, 『光州郡史』(1933): 『일제강점기 광주문헌집』, 광주시립민속박물관, 2004, 253~254쪽. 재인용.

양곡을 나누어주며 저수지 축조 사업을 벌였다. 일설에는 효천면 덕림의 대지주 김방이 축조한 관개용 저수지라는 이야기도 전한다.[10]

이 이야기는 이씨가 개미를 구해준 후 개미의 보은으로 부자가 되고, 후에 경양방죽을 축조한다는 내용으로 현재까지 확인된 자료 중에서는 경양방죽 축조와 개미 서사가 결합된 첫 사례이다. 전설 수집자의 이름이 밝혀져 있지 않으나 당시 일설에는 이씨가 아니라 김방이라는 의견도 있음을 밝히고 있다.

다음의 자료는 『전남일보』 1967년 4월 30일 자에 수록된 기사이다.

> "후백제왕 견훤의 어머니 남원부인이 광주의 부자로서 북촌에서 살았는데 견훤이 후백제를 세우기 직전인 신라 진성여왕 때 극심한 흉년을 맞아 광주사람들이 굶주림에 허덕이자 관개시설이 필요하다고 생각하여 경양방죽을 만들었다"[11]

전남일보의 자료는 경양방죽의 축조를 고대까지 소급하고 있는 전설로 역사적 고증은 제시하고 있지 않다.

다음의 자료는 1967년 문화방송 「전설따라 삼천리」[12] 제2

---

10) 『전라남도향토사』(1964), 향문사, 1964, 152~153쪽.

11) 『선남일보』 1967년 4월 30일자 기사. 정의행, 「광주이야기-경양방죽」, 『문화통』 2013년 6월 20일 게시된 글; http://mtong.kr/read.php3?aid=137169362310798s47

12) 문화방송 라디오의 최장수 프로그램 중의 하나. 예로부터 전해 내려오는

부에 방송된 「동방의 향기(경양못)」이다. 이 이야기는 서사적 구조를 갖춘 이야기로 앞서 소개한 『전라남도향토사』의 「의공보은의 경양지」와 유사한 서사를 갖추고 있다. 줄거리를 간추리면 아래와 같다.

> 지금부터 오백여년 전 광주시 서방면 경양리에 살던 이씨가 장맛비로 불어난 냇물에서 우연히 개미집을 발견하고 가여워서 건져내 마른 땅에 옮겨놓고 먹을 것도 마련해주었다. 그로부터 며칠 후부터 이씨집 마당에 쌀이 한섬씩 쌓이다보니 이씨는 곧 부자가 되었다. 그 무렵 이 고을에 흉년이 들어 백성들이 굶주림에 허덕이자 관에서는 창고에 쌓아둔 세곡을 구휼미로 쓰려고 했는데 창고에는 빈 가마니만 놓여있었다. 갑자기 부자가 된 이씨가 도적으로 몰려 매질을 당할 위기에 놓여있는데 어디선가 "이씨는 죄가 없으니 놓아주라"는 소리가 들렸다. 목숨을 구한 이씨는 가뭄이나 장마에도 끄떡없는 저수지를 만들 계획을 세우고, 자신이 가진 쌀을 품삯으로 내어놓았다. 남녀노소를 가릴 것 없이 사람들이 몰려와 저수지 공사는 순조롭게 진행되었고 경양방죽이 완성되었다.[13)]

전설을 발굴, 녹화하여 선인들의 슬기와 지혜를 배우고 미풍양속과 경로사상, 충효사상을 오늘에 되살리자는 취지로, 1965년 5월 1일을 기하여 MBC 라디오로 방송되기 시작하였다. 흥미와 신비감이 높은 설화를 소재로 한 탓인지 방송 개시와 함께 청취자들로부터 상당한 반응을 얻게 되었다. 성우 유기현(柳基鉉)의 구수한 해설로 15년간 방송된 장수프로그램이자 최고 인기프로그램인 이 『전설따라 삼천리』는 당시 MBC의 간판 프로그램이기도 하였다. 소재선택은 작가에 의한 자료수집이나 투고방식에 의하여 제작진의 현장취재로 결정되었다.; 「전설따라 삼천리傳說－三千里」」, 『한국민족문화대백과』, 한국학중앙연구원.

다음의 자료는 김방의 후손 김홍삼이 발행한 『경양방죽의 역사 -김방을 중심으로-』(1968)에 수록된 내용이다.

> 김영보金永輔씨의 가문에서 대대로 전지자손傳之子孫하기를 「김방金倣 할아버님은 세종世宗 이십이년二十二年에 광주목사光州牧使로 부임赴任하여, 그 익년翌年 해동解冬을 기다려 「경양景陽방죽」 굴착작업掘鑿作業을 시작始作한 지 삼년三年만인 世宗 이십오년世宗 二十五年 계해癸亥에 준성竣成을 보았다」고 한다. 세종世宗 계해癸亥에 감사監司 김방金倣이 증심사證心寺를 중수重修했다는 광주읍지光州邑誌 기록記錄과 일치一致가 되며 거의 정확正確에 가까운 년대年代라고 생각할 수 있다.[14]

> 세종 임금때 김방이라는 분이 김제군수로 있다가 광주목사로 전임해 오게 되었는데 가뭄이 계속되어 백성이 굶주리자 걱정이 많았다. 무등산에서 흘러내리는 물을 모아 경양방죽을 축조해야 겠다는 생각으로 방축공사를 시작했다. 하지만 인력과 식량이 부족하여 난관에 봉착했다. 공사중에 개미집을 발견한 김방은 측은히 여겨 무등산 장원봉 기슭으로 옮겨주었다. 그 후 김방의 집 뜰에는 개미들이 물어온 쌀이 가득 찼다. 김방은 그 쌀을 굶주린 백성들에게 나누어주었고, 백성들은 저수지 축조에 협력해 경양방죽을 완성하게 되었다.[15]

---

13) 『전설따라 심천리』(1967) 제2부 「동방의 향기(경양못)」, 문화방송, 31~36쪽.

14) 김홍삼(1968), 「경양지에 관한 사적고찰」, 『경양방죽의 역사 -김방을 중심으로-』, 제일문화사, 31쪽.

15) 김홍삼(1968), 위의 책. 66~67쪽.

이 자료에는 「비단깔린 현몽現夢으로 인도引導받은 수구로水溝路」라는 제목으로 또 다른 설화가 수록되어 있다. 줄거리를 간추리면 다음과 같다.

> 김방은 김제 벽골제를 확장 보수하여 김제 만경평야를 옥토로 만들어 김방 군수가 떠나올 때 김제 고을 백성들은 남녀노소 할 것 없이 수십 리 밖에까지 나와 울면서 석별을 안타까워 했다. 광주에 부임한 김방 목사에게 지역 주민들이 바란 것도 저수지 축조였다. 풍수학자들도 광주는 지명에 빛 곧 불이 들어 있어 火가 성하므로 한해가 잦고 물이 부족해 불이 일어날 수밖에 없다며 저수지 축조의 필요성을 역설했다. 이에 저수지 축조의 결심을 굳힌 김방의 꿈에 조부가 나타나 무등산 작고개를 어떻게 뚫어내겠느냐며 물길을 가르쳐주겠다고 했다. 조부가 가르쳐준 물길은 양파정 및 세칭 「조참보」라는 곳이었다. 김방은 조참보로부터 경양방죽까지 수로를 내어 물을 끌어들였다.[16]

김방의 후손이 발행한 책에 수록된 설화는 경양방죽을 만든 인물이 김방이며 세종 대에 전라도 목사로 부임하여 주민들의 숙원사업인 저수지 축조를 완성했으며, 광주천의 조참보[17]로부터 물길을 연결한 사실까지 담고 있다.

1985년에 편찬된 『광주시사光州市史』(1985)[18]에는 앞서 소개

16) 김홍삼(1968), 위의 책, 31쪽.
17) 조탄보의 별칭임.

한 『경양방죽의 역사 -김방을 중심으로-』(1968)에 수록된 설화와 내용과 구조가 일치한 설화가 수록되었고, 1987년에 편찬된 『명소지명유래지』(1987)[19]에는 앞서 소개한 『전라남도향토사』에 수록된 설화와 내용과 구조가 일치한 설화가 수록되었다.

1988년에 편찬된 『무등산無等山』[20]에는 앞의 설화와는 서사구조가 다른 이야기가 수록되었다. 줄거리를 간추리면 다음과 같다.

> 아득한 옛날 광주 고을 효천면에 김부자가 살고 있었는데 20여 채의 곳간에 나락이 가득 쌓여 있는 큰 부자였다. 자신은 산해진미를 즐기고 색도락에 빠져 살아가면서도 남에게는 인색하기가 짝이 없었다. 어느해 이 고을에 큰 흉년이 들어 굶주리는 사람들이 많아졌다. 그중에 홀어머니를 모시고 살아가는 박경양이라는 청년이 김부자에게 곡식을 얻으러 갔다가 김부자의 담뱃대에 맞아 그만 숨이 끊어지고 말았다. 그 소식을 들은 박경양의 노모 또한 울분에 복받쳐 숨이 끊어지고 말았다. 그후 김부자는 시름시름 앓기 시작했다. 어느날 김부자의 꿈에 박경양의 노모가 나타나 목숨을 부지하려면, 이 지역 사람들이 가뭄으로 굶어죽지 않도록 큰 연못을 파라고 했다. 연못을 파기 위해 사람들을 모으고 품삯을 곡식으로 주니 굶

18) 『광주시사』(1985), 광주시, 746~748쪽.
19) 『명소지명유래지』(1987), 전라남도, 26~27쪽.
20) 『無等山』(1988), 광주직할시.

어죽는 사람들이 사라지게 되었고, 김부자의 병도 씻은 듯이 낫게 되었다. 저수지가 완성되자 사람들은 죽은 박경양의 넋이 깃든 연못이라 하여 경양방죽이라 부르게 되었다.[21)]

이 이야기는 경양방죽의 이름이 가난하고 힘없는 박경양이라는 백성의 이름에서 비롯된 것이라는 새로운 서사구조를 형성하고 있다. 이 책에는 이와 거의 유사한 설화가 한 편 더 실려있는데 그 설화에서는 김부자의 이름을 '김방'이라고 구체적으로 명시하고 있다.

위의 자료들을 분석한 결과 화자에 따라, 필자에 따라 이야기들을 선택적으로 수용하고 있음을 알 수 있는데 가장 빈도수가 높은 설화는 개미보은 서사와 결합된 김방 축조설이라고 할 수 있다.

이후의 자료들, 즉 광주시립민속박물관에서 발행한 『광주의 전설』(1991)[22)], 『광주 동구 자랑스런 우리동네』(1992)[23)], 『광주1백년』(1994)[24)], 『광주광역시 구전설화』(2005)[25)], 『경양방

21) 『無等山』(1988), 위의 책, 569~573쪽.

22) 『광주의 전설』(1990), 광주시.; 이 책에는 경양방죽 축조와 관련된 내용은 아니지만 김덕령과 관련된 경양방죽 이야기가 한 편 수록되어 있다. "김덕령이 무등산 문바위에서 경양방죽을 활을 쏜 후 용마를 타고 달려 누가 빠른지 내기를 했다. 용마가 늦은 것으로 알고 말의 목을 베었으나 그제서야 화살이 도착했다. 장군은 후회하며 경양방죽 언덕에 용마를 묻고 비를 세워주었다. 용마비는 경양방죽을 메울 때 어디론가 사라져버렸다."는 내용이다.

23) 김정호(1992), 『광주 동구 자랑스런 우리 동네』, 광주광역시 동구청.

24) 박선홍(2012), 『광주 1백년』, 금호문화, 1994에서 출판. 2012년 심미안에

죽과 마을사람들』(2011)[26], 『추억이 깃든 경양마을 이야기』(2014)[27]에서는 위에서 소개한 설화들을 재수록하고 있어 구전성과 창조적 전승이 약화된 것으로 보인다.[28]

경양방죽은 일제강점기에 부분매립이 이루어진 후 오염되고 부정적인 공간으로서의 이미지가 확산되고, 도시화로 인해 농업 관개수로써의 기능도 점차 잃게 되었으며, 1968년 완전매립이 이루어지면서 설화적 전승력이 크게 약화되었을 것이다.

Ⅲ. 경양방죽 설화의 전승 담론

1. 지역사회 유력 가문의 위상 강조

경양방죽 설화에서 가장 주목되는 인물은 김방이다. 설화 속에서 이야기되는 김방은 대체로 긍정적 인물로 그려진다. 『수리에 관한 구관』(1913)에서 김방은 김방金昉으로 표기되었으며 광산김씨의 조상으로 경양방죽 축조를 위해 자기의 소유

서 재간행됨.

25) 전국문화원연합회(2005), 『광주광역시 구전설화』, 전국문화원연합회.

26) 추억이 깃든 경양마을 만들기 추진협의회(2011), 『경양방죽과 마을사람들』.

27) 추억이 깃든 경양마을 만들기 추진협의회(2014), 『추억이 깃든 경양마을 이야기』.

28) 한국정신문화연구원(現한국학중앙연구원)에서 1970~1980년대 초에 전국적으로 조사한 『구비문학대계』에서는 경양방죽과 관련된 설화가 찾아지지 않는다.

지 303두락을 내놓았다고 하였다. 또한 눈이 늦게 녹는 길을 따라 굉탄보[29]에서 경양방죽까지 연결하는 수로를 찾았다고 하였다. 『광주군사』(1933)에서 김방은 전주 감사, 전라도 관찰사였으며, 광주의 대부호로 세종 25년에 증심사 중창에 참여했다고 하였다. 『경양방죽의 역사 -김방을 중심으로-』(1968)에서 김방은 김제군수로 있을 때 벽골제 축조 공사를 맡았으며 세종 22년에 광주목사로 부임하여 경양방죽 축조를 시작하여 세종 25년경에 공사를 완료했다고 하였다. 이때 김방의 조부가 꿈에 나타나 '조참보'로부터 경양방죽까지의 수로를 안내해주었다고 하였다.

김방은 역사적으로 실존했던 인물로 『조선왕조실록』에 5회 기재된 인물이다. 1786년에 세워진 쌍봉사사적비에 김방의 시주로 절을 중창했다는 내용이 기록되어 있어 이 지역의 부호였음이 확인된다. 역사서에 기록된 김방과 설화에서 이야기되는 김방은 서로 어떤 차이가 있는지를 살펴볼 필요가 있다.

> 태종 18년인 1418년에 경기도 광주 목사인 우희열이 제언의 일을 올리면서 김제 벽골제 수축修築을 위해 전 지김제군사知金堤郡事 김방金倣을 파견해야 한다고 하였다. 이에 태종이 전라도 관찰사를 맡았던 박습에게 물으니 박습 또한 김방이 쓸 만한 인물이라며 파견에 동조하였다. 태종이 김방의 나이, 고향, 출신을 묻자 박습은 광주 사람으로 일찍이 생원, 진사가

29) 조탄보의 이칭으로 조참보라고도 함.

되었고, 중년의 나이라고 답하며 김제 군수가 되었을 때 관찰사 권진이 작은 죄를 범했다는 이유로 파직하였다고 답하는 내용이 기록되어 있다.[30]

세종 2년 1420년에 사간원이 올린 상소문에 지고부군사知古阜郡事 김방이 전라도 도절제사진무都節制使鎭撫의 직첩을 받고 부임하기 전에 부친상을 당하였으나 절제사 박초의 지시에 따라 겨우 백일이 지나 상복을 벗고 진영에 부임하여 행공하였으니 효를 져버린 인물이라며 김방과 박초를 동시에 치죄해야 한다고 하였다.[31]

세종 3년 1421년 전라도 관찰사 장윤화와 수군 도절제사 박초가 올린 글에 지난해인 을미년에 지군사인 김방이 벽골제를 수축했는데, 사역된 인부가 겨우 2만 명으로 20여일만에 공사가 완성되어, 방죽 아래의 땅이 모두 다 옥토가 되어서, 공전公田의 수확이 매년 천 석이 넘었으므로, 군민軍民의 식량이 또한 풍족하였다고 하였다.[32]

세종 11년 1429년 태평관 영조營造 작업을 맡았던 호군護軍[33] 김방이 책무를 제대로 완수하지 못하고 인부로 참여했던 중들

30) 태종실록 35권, 태종 18년 1월 13일 갑자 4번째기사 1418년
31) 세종실록 10권, 세종 2년 10월 16일 신해 4번째기사 1420년
32) 세종실록 11권, 세종 3년 1월 16일 기묘 8번째기사 1421년
33) 조선시대 5위의 정4품 무관. 고려시대의 2군6위, 조선 초기의 중앙군은 전체를 몇 개의 위(衛)나 사(司)로 나누고(10사, 10위, 5위 등) 각 위·사는 1,000명으로 구성된 영(領)을 기본편제로 했다. 호군은 영의 지휘관이다.

> 사상자들만 생겼으니 잡아다 국문하라는 임금의 명령이 있었다.[34)]
>
> 동년 동월에 김방은 가평에서 재목을 벌채하는 일로 8백여 석의 국고를 낭비했다는 죄목으로 장杖 90의 형벌에 처해졌음이 실록에 기재되었다.[35)]

『조선왕조실록』에서 김방의 이름은 김방金倣으로 나타나며 광주 출신으로 태종 18년인 1418년 중년의 나이라고 하였다. 생원시와 진사시에 합격한 후 관직 생활을 하였음을 알 수 있으며 지김제군사, 지고부군사, 김제군수를 거쳐 전라도도절제사진무[36)]를 맡았으며, 태평관의 건축을 담당한 호군의 직책도 맡았음을 알 수 있다.

무엇보다 김방이 세간에 널리 알려지게 된 것은 지김제군사로 있을 때 벽골제 수축을 성공적으로 완수했기 때문이다. 인부 2만 명을 데리고 20여 일만에 공사를 완성해 방죽 아래의 땅이 다 옥토가 되어, 군민들의 식량이 풍족하게 되었음을 구체적으로 기록하고 있어 김방의 업적이 뛰어났음을 보여주고 있다.

34) 세종실록 45권, 세종 11년 8월 8일 임오 1번째기사 1429년

35) 세종실록 45권, 세종 11년 8월 24일 무술 4번째기사 1429년

36) 진무(鎭撫)는 조선 초기 여러 군영에 두었던 군사실무 담당 관직으로 정3품 당하관으로부터 종6품 참상관에 이르는 중견무관들 중에서 임명되었다. 태조 때의 의흥친군위(義興親軍衛)와 태종 때의 삼군진무소(三軍鎭撫所)·오위진무소·의금부 등에 설치되었다.

그 공적을 인정받아 김제군수, 전라도도절제사진무로 벼슬이 오른 것으로 보인다. 하지만 당시에 불효를 핑계삼아 김방을 비난하는 자들이 있었음도 드러난다. 결국 김방은 태평관 영조 작업의 책임자로서 일을 원만하게 처리하지 못했다는 이유로 옥에 갇히고 장 90의 형벌을 받게 되었다. 이후 실록에서는 더 이상 등장하지 않아 이후의 행적을 더 이상 확인할 수 없다.

결과적으로 역사적 기록에 근거한다면 김방은 전라도관찰사도 아니고 광주목사도 아니다. 기록에 없다고 해서 김방의 행적을 부정할 수는 없지만 『광주읍지』의 역대 수령(목사, 현감) 등을 적은 「선생안先生案」에도 김방의 이름이 기재되어 있지 않다는 점에서 구전의 불확실성에 무게를 두게 된다. 하지만 설화가 사실과 다르다고 하여 중요성을 무시할 수 없는 이유는 설화는 상징적 언술이기 때문이다. 그 상징을 밝혀내면 역사적 사실보다 의미있는 진실에 접근할 수 있다고 본다.

역사적 기록과 설화적 내용과의 간극에는 그럴만한 이유가 있을 것이다. 김방이 전라도관찰사 혹은 광주목사로 지칭되는 이유는 김방의 후손들이 가문의 위상을 높이고자 하는 의도가 의식적으로 또는 무의식적으로 반영된 결과라고 생각한다. 김방이 세종 대에 전라도도절제사진무의 직책을 맡았음이 실록에서 나타난다. 직책의 이름이 너무 길기도 하고 일반적인 명칭도 아니기 때문에 사람들은 시간이 흐를수록 진무를 떼고 전라도도절제사만 기억하고 이야기했을 수 있다. 현대사회를 살아가는 우리들도 상대방을 높이기 위해 부회장 또는 부원장, 부총장 등을 맡은 인물을 호칭할 때 회장님, 원장님, 총장님 등으로 예우해 주는 사례를 참조할 수 있을 것이다.

이러한 관점에서 보면 1900년대 초기에 경양방죽을 준설할 때 김방의 후손들은 자신의 선조가 축조에 참여한 방죽임을 강조하며 가문의 위상을 강조하려고 했을 것이다. 광주 효천면 일대에 거주하던 김방은 어느 시기인지는 분명하지 않지만 낙안군으로 퇴거한다. 현재의 보성군 벌교읍 척영리에는 조선시대 초기에 광주 덕림동에서 이거해 온 광산김씨 후손들이 집성촌을 이루며 살고 있는데 입향조가 바로 김방이다. 보성군 벌교읍 원당리 재궁에는 김방의 영정을 봉안한 영당과 재실이 있으며 그의 아들과 손자들의 묘역이 있다.[37)]

한때는 광주에서 유력한 가문이었던 김방 가문은 낙안으로 이주한 이후에 광주에서의 영향력이 점차 감소하게 되었을 것이다. 잊혀진 가문으로 남고 싶지 않았던 김방의 후손들은 경양방죽을 통해 가문의 위상을 드높이고자 했을 것으로 보인다. 그 노력의 일환으로 1900년대 초기에 경양방죽을 준설할 때 기부금을 내며 김방의 이름을 알렸다. 그리고 1967년 경양방죽이 완전히 매립되어 그 모습을 잃게 되자 다음 해인 1968년 구전해온 이야기를 바탕으로 『경양방죽의 역사 -김방을 중심으로-』라는 책자를 만들어 김방을 경양방죽을 만든 문화영웅

37) 『경양방죽과 태봉산』(2018), 광주시립민속박물관, 45쪽.

으로 현창함으로써 기억의 소멸을 막고 가문의 위상을 지속하고자 한 것으로 이해된다. 그 과정에서 김방의 직책이 부풀려지게 되었고, 축조 년대를 무리하게 세종 22년으로 지정하게 된 것으로 보인다.

저수지 관련 설화가 지역의 유력가문과 결합된 사례는 비단 경양방죽에서만 발견되는 것은 아니다. 김제의 벽골제는 김제 조씨 가문[38]과, 제천의 의림지는 충주 어씨 가문[39]과 결합되어 지역사회 유력 가문의 위상을 높이는 계기로 작용하고 있다는 점도 눈여겨볼만하다.[40]

2. 공공재公共財로서의 강조와 부의 독점에 대한 경계

김방이 경양방죽 축조에 관여했다는 내용은 역사서에 나타나지 않지만 경양방죽 축조와 관련된 다른 사람이나 다른 세력, 또는 국가의 역할도 나타나지 않기 때문에 설화적 내용을

38) 김제 벽골제에는 김제조씨인 조연벽, 조간과 관련된 설화가 전하는데 쌍룡이 등장한다. 김제 조씨 가문이 지역의 상징과 같은 벽골제 그리고 수신이면서 수호신으로 상징화되는 용과 결연하는 문학적 은유를 통해, 지방토호로서 성장하기 위한 발판을 마련하거나 그 역량을 표출한 것으로 해석되기도 한다.; 서해숙(2018), 「김제 벽골제의 역사문화적 전통과 현대적 활용」, 『무형유산』 제4호, 국립무형유산원, 33쪽.

39) 의림지 못가운데 커다란 이무기가 있어 오래도록 사람과 가축을 해쳤다고 한다. 득황과 그 형제 네 사람이 몽둥이를 잡고 패 죽여, 이무기의 허리를 둘둘 말아 나무 끝에 걸어두니 머리와 꼬리가 땅에까지 닿았다는 이야기가 전한다.: 김이만, 「어장사참사가」, 『鶴皐先生文集』 권9

40) 권순긍(2010), 「제천(堤川) 의림지(義林池)의 문학지리와 그 의미」, 『민족문학사연구』 제44, 민족문학사학회, 6~26쪽.

만들어낸 이야기로만 치부할 수는 없는 일이다. 경양방죽 축조가 역사서에 기록되지 않은 이유를 추정할 수 있는 자료로 중추원 조사자료인 「수리에 관한 구관」(1913)을 참조할 만하다.

이 자료에는 제언의 소유관계를 국유國有와 민유民有로 구별하고 당시 국가 대부분의 제언이 국유였다고 하였다. 하지만 민유도 분명히 존재했는데 민유에는 공유제언과 개인소유제언이 있다고 하였다. 공유제언은 몽리자蒙利者들이 공동으로 소유하는 제언으로 정주定州의 보민통保民筒, 전주全州의 인봉제仁峯堤, 광주光州의 경양제景陽堤를 제시하였다. 경양제는 김방이 자기의 소유지 303두락을 제공하고, 부근 4개 면의 몽리자로 하여금 굴착하게 하여 이를 몽리자의 공유지로 했다고 기록되어 있다.[41]

이 자료 또한 구전에 의거해서 기록했을 것으로 추정되지만 구술의 내용이 구체적일 뿐 아니라 경양방죽의 물길을 무등산에서 끌어오기가 어려워 광주천의 굉탄보(조탄보)에서 끌어오는 것으로 상세하게 제시하고 있다는 점에서 설득력을 주고 있다. 이 자료의 내용을 수용한다면 경양방죽은 민유제언이었으므로 국가의 관리대상에서 빠져 있었고, 조선시대의 역사서에도 등장하지 않은 것으로 생각해 볼 수 있게 되는 것이다.

한편 1930년대 후반 경양방죽을 부분 매립할 당시에는 전라남도가 경양방죽 매립을 허가하고 준공을 인가하였다는 것

41) 중추원조사자료(1913), 「水利에 關한 舊慣」(1913); 국사편찬위원회, 한국사데이터베이스 일제강점기

을 볼 때 이 시기의 경양방죽은 국유제언이었음을 알 수 있다. 경양방죽이 어느 시기부터 국유제언이 된 것인지는 알 수 없지만 당초에는 공유제언이었다는 견해를 수용하면 그동안 축조기록이 역사서에 기록되지 않은 것에 대한 의문점은 일부 해소할 수 있을 것이다.

경양방죽 설화에서는 가뭄과 홍수 때 굶주림에 시달리는 백성들을 구제한 주체가 관이 아니라 개인으로 나타난다는 점이 흥미롭다. 설화에서 가뭄과 홍수로 백성들이 굶주리자 관아에서는 구휼을 위해 구휼미를 보관하는 창고를 열지만 창고의 쌀가마니는 비어있는 것으로 이야기된다. 국가는 가난한 백성들을 구제할 수 있는 방안을 갖고 있지 않은 것에 대한 설화적 표현일 수 있다. 그 쌀은 물에 떠내려가는 개미집을 건져내 개미들을 살려준 사람에 대한 보은으로 그 사람의 집에 쌓이게 된다. 하지만 그 사람 또한 자신의 노력으로 축적한 부가 아니므로 부를 혼자서 독점할 수 없다. 그들은 자신들의 부를 이용해 백성들이 고루 잘 살 수 있는 방법을 찾는다. 심한 가뭄과 홍수에도 농사를 망치지 않도록 저수지를 축조하는 것이다.

『무등산』에 수록된 설화에서는 부를 독점하려 했던 김부자와 가난한 백성들의 갈등이 드러난다. 김부자가 사욕을 부릴수록 백성들의 삶은 피폐해지고 빚을 갚지 못해 자작농에서 소작농으로 전락하는 사람들이 많아진다. 백성들이 살기가 어려워지자 김부자에 대한 원망이 높아지고 결국 충돌의 상황까지 이어진다. 그 후 혼자서 호위호식 할 것 같았던 김부자의 그 많던 곡식들은 쥐들이 가져가버리고 김부자는 병에 걸려 목숨을 부지하기 어렵게 된다. 김부자가 마음을 돌이켜 가뭄과 홍수에서 농사를 지켜줄 저수지를 축조하기로 하면서 갈등이 해결되는 내용이다.

만약 김방이 303두락의 토지를 제공하여 경양방죽을 만들었다는 구전을 바탕으로 추정해본다면 몽리자들은 김방에 대한 고마운 마음 한 켠에 김방 가문이 방죽의 소유권을 주장할지도 모른다는 불안감을 갖고 있었을지도 모를 일이다. 설화 전승을 통해 백성들은 경양방죽이 공공재公共財임을 강조하고 수리시설과 부의 독점에 대한 경계를 상징적으로 보여주고 있다고 하겠다. 공공재란 사회 구성원 모두가 소비혜택을 누릴 수 있는 재화를 의미하며 개인이 배타적으로 소유하는 사적재와 반대되는 개념이다.

저수지 관련 설화에서 '공공재로서의 강조와 부의 독점에 대한 경계'는 다른 설화에서도 나타난다. 제천의 의림지 유래 설화는 대표적인 장자못 전설로서 가난하고 어려운 사람들을 괴롭힌 부자가 살던 공간이 큰 비가 내린 후 못으로 변한다는 설화가 전하며[42], 밀양의 수산제에는 집을 찾아오는 과객들을 쫓기 위한 방편으로 제방을 높이 쌓았다가 결국 집안이 망하게 된다는 이야기가 전한다.[43]

---

42) 류금열 역주(2008), 『堤川鄕土史料集 -조선시대 堤川邑誌類를 중심으로-』, 제천문화원.

43) 밀양문화원(1994), 『밀양지명고』, 밀양문화원.

저수지는 국유이든 공유이든 간에 권력과 부로 인해 독점을 하게 되면 백성들이 큰 피해를 보게 되는 수리시설이다. 전통적으로 벼농사를 짓기 위해 봇도랑의 물을 댈 때에 '차렛물'의 원칙이 강조된다.[44] 윗논부터 차례대로 물을 댄다는 뜻이다. 권력, 부, 촌수 등 어떠한 외적 조건에도 흔들림이 없어야 모든 사람들이 순리대로 농사를 지을 수 있기에 만들어진 원칙일 것이다. 수리시설의 독점을 피하려는 민중들의 인식이 저수지 관련 설화에 투영된 것으로 이해된다.

3. 축조에 참여한 기층민에 대한 추념

저수지를 축조하기 위해서는 수많은 인력이 필요하다. 아무리 뛰어난 토목전문가와 지휘관이 있어도 실제로 작업을 담당할 사람이 없다면 불가능한 일이다. 『세종실록』에 김방이 벽골제를 수축할 때 2만여 명의 인부가 20일 동안 작업을 했다고 기록된 것을 참조할 수 있다. 축조가 아니라 수축하는 데만도 수많은 사람들의 수고가 필요했음을 보여주는 기록이다. 역사서는 이렇게 간단하게 기록한 사실을 설화에서는 생생하고 구체적으로 이야기한다. 김제 벽골제 주변에는 '신털미산'과 '되배미'라는 지명이 있는데 그에 관한 전설이 전한다.

---

44) 이옥희(2018), 「물대기와 관련한 전통적 농업기술과 농경문화의 양상」, 『무형유산』 제4호, 국립무형유산원, 17쪽.

벽골제를 대대적으로 보수하기 전에 신털미산 일대는 나무 몇 그루만 서 있던 평평한 벌판이었다. 벽골제 보수에 참여한 인부들이 하루만 신어도 헤어지는 짚신을 버리거나, 짚신에 엉겨 붙은 흙을 떨다보니 어느덧 작은 산이 되었다고 한다. 그 산의 이름을 신털미산 또는 초혜산이라고 부르게 되었다.

신털미산 주변에 되배미가 있는데, 승답升畓이라고도 한다. 벽골제를 대대적으로 보수할 당시, 하루에 1만여 명이나 동원되는 인부들의 현황을 매일같이 파악하는 데 어려움이 따르자, 임시방편으로 일정한 크기의 논에 사람들을 빽빽이 세워서 곡물을 되질하듯 인원수를 헤아려냈다고 한다. 이렇게 한 번씩 되질해 내는 인원수는 500명이었다고 한다.[45)]

벽골제 보수 공사에 참여한 인부들이 얼마나 많았는지, 일정한 크기의 논에 사람들을 세워 인원수를 헤아렸다는 설화이다. 또한 그들이 얼마나 고되게 일했는지 하루만 신어도 헤어지는 짚신을 모은 곳과, 짚신에 엉겨붙은 흙을 떨어낸 곳이 산이 되었다는 설화이다. 역사적 기록에서는 벽골제 수축에 동원된 인원수와 수축에 소요된 기간만을 명시하고 있지만 설화에서는 그들의 수고로움을 생생하게 전달하고 있다.

우리나라 제언 축조에 관한 전설에서 인신공희人身供犧 화소가 들어있는 이야기가 많다. 제방을 막는데 계속 터지다가 사람을 제물로 바쳤더니 제방이 터지지 않았다는 이야기이다.

45) 디지털김제문화대전; http://gimje.grandculture.net

광주 광산구 삼도동에 있는 최인보는 최씨의 어린 딸을 제물로 바친 후 완성되었다는 이야기가 전한다.[46] 이러한 비극적인 화소는 보를 만들고 저수지를 쌓는 작업이 그만큼 힘들고도 어려우며, 수많은 사람들의 희생의 결과라는 사실을 설화적으로 표현한 것이라고 할 수 있다.

경양방죽은 축조에 참여한 사람들의 희생과 수고도 설화를 통해 이야기되고 있다. 토지를 제공한 사람은 김방이지만 굴착에 참여한 사람은 몽리자들이었다는 이야기가 전한다.

> 공사가 착공되던 해에도 수년째 거듭되는 가뭄으로 공사장의 인부들은 헐벗고 굶주림에 허덕이고 있었으며 허기져 쓰러지는 사람들이 헤아릴 수 없었다. 그러나 식량난은 날이 갈수록 더했다. 이 같은 참상을 가슴 아파하던 김방은 하루도 빠짐없이 공사현장에서 땀을 흘리며 진두지휘하면서 인부들을 위로하고 격려했다.[47]

헐벗고 굶주림에 허덕이면서도 경양방죽 축조에 참여했던 사람들을 설화는 기억하고 추념한다. 수많은 사람들의 땀과 수고가 모여 축조된 경양방죽이라는 사실을 이야기를 통해 후세에 전하고 있는 것이다.

문학적 상상을 더 해본다면 '개미'라는 화소도 의미있게 접

46) 광주시립민속박물관(1990), 『광주의 전설』, 광주직할시, 291쪽.
47) 『광주시사』(1985), 광주시, 747쪽.

근할 수 있다. 우리 민요에 개미를 주제로 한 노래가 있는데 『청구영언』에도 유사한 가사가 수록되어 있다.

> 개미야 개미야/ 조그만한 불개미야
> 바늘거치 요약한 몸/ 태산거치 병이 들어
> 머리에는 두통 나고/ 납바닥에 면종 나고
> 서끄터리 중서질코/ 모가지에 발치 나고
> 목구녁에 다대 나고/ 손에는 독정 나고
> 등거리는 등창 나고/ 넙더치는 둥둥 나고
> 발바닥은 티눈 백혀/ 사방 삭신 다 아파서
> 비네 팔아 반지 팔아/ 약 헌 첩을 지어다가
> 약단에 약을 대려/ 그 약이 끓기 전에
> 영영 가고 아주 가네[48]

작고 약한 개미가 온 몸에 병이 들어 패물을 팔아 약 한 첩을 지었으나 그 약이 다려지기 전에 그만 죽고 만다는 내용의 민요이다. 일평생 일만 하다가 온 몸에 병이 들어도 약 한 첩 제대로 지어먹지 못하는 기층민들의 고단한 삶을 해학적으로 표현한 민요로 개미는 곧 가난하고 힘없는 백성들을 상징하는 기표라고 할 수 있다.

경양방죽 설화에서 개미들이 물어온 쌀알이 모여 경양방죽을 축조할 수 있는 재정적 기반이 되었다는 것은 힘없고 약한

48) 문화방송(1995), 『한국민요대전해설집-전라북도편』, 문화방송.

기층민들의 힘이 모여 경양방죽을 축조할 수 있었음을 은유적으로 표현한 것이라고도 볼 수 있다.

Ⅳ. 저수지 관련 설화의 서사 전략

1. 전통적 설화 모티프의 차용

설화가 구전으로 전승되기 위해서는 사람들의 뇌리에 남는 요소가 있어야 한다. 전통적으로 사용된 설화모티프는 구비전승에 걸맞는 구조와 내용을 갖추고 있게 마련이다. 경양방죽 설화에서 특징적인 요소는 '개미의 보은' 서사가 결합된 점이다. 초기 자료에는 발견되지 않다가 『전라남도향토사자료집』(1964년)에서 처음으로 등장한 후 이후 경양방죽 설화에서는 가장 중요한 설화 모티프로 작용한다. 설화적 주인공은 이씨, 김씨, 김방 등으로 다양하게 나타나지만 홍수에 떠내려가는 개미집을 건져준 후 그 보은으로 쌀을 얻게 된다는 내용은 공통적이다. 그런데 이 개미의 보은 서사는 한국의 설화에서 매우 중요한 모티프로 한국의 창세신화에도 등장한다. 일제강점기에 민속학자인 손진태가 수집하여 채록한 설화에서 확인할 수 있다.

> 옛날 천상의 선녀가 땅으로 내려와 목신木神의 정기에 감응하여 잉태한 후 '목도령'을 낳았다. 아이가 예닐곱살 되었을

때 선녀는 천상으로 돌아가고, 곧이어 큰 홍수가 발생해 세상이 물에 잠기게 되었다. 강한 바람에 넘어진 목신은 목도령을 태우고 표류한다. 목도령은 떠내려가다가 물에 휩쓸린 개미떼와 모기떼를 만나자 구해주고 한 소년도 구해주게 된다. 마침내 노파와 두 처녀가 살고 있는 섬에 도착하여 살게 되는데 목도령은 구해준 소년으로 인해 위기에 처하게 된다. 그때 개미떼와 모기떼가 도움을 주어 소년은 사랑하는 처녀와 혼인하여 인류의 조상이 된다.[49)]

개미떼와 모기떼를 약자와 비천한 자들에 대한 설화적 상징으로 해석한다면, 인류의 조상이 될 만한 사람은 약자에 대한 자애심과 구제 능력을 갖고 있는 사람이라는 해석도 가능해질 것이다. 우리나라의 창세와 관련한 전통적인 서사는 『삼국유사』와 『삼국사기』와 같은 역사서에서는 전하지 않고 무가 또는 설화와 같은 구비전승에서만 발견된다. 개미의 보은 서사는 신화적 문법으로 설화를 전승해나가는 힘으로 작용했을 것이다.

경양방죽에서 발견되는 또 다른 설화모티프는 바로 씻김굿에서 구송되는 서사무가 장자풀이 화소이다. 장자못 전설과도 유사한 이 이야기는 악인의 징치와 회심으로 인한 해원이라는 구조를 갖고 있다.

---

49) 손진태(1947), 『한국민족설화의 연구』, 경인문화사, 166~170쪽.

> 어느 고을에 사마장자가 살고 있었다. 부자지만 성질이 고약하고 동네사람들에게 인심 없이 행하며 선영을 잘 위하지 않았다. 이에 저승왕이 대사를 중으로 변장시켜 시주를 보냈는데, 사마장자는 시주는 커녕 모욕을 주고 내쫒았다. 이를 지켜본 어진 며느리가 쌀 서되와 명주베를 시주하였다. 그 후 시름 시름 깊은 병이 들어 죽게 된 사마장자는 문복을 통해 자신의 잘못을 깨닫게 된다. 이후 집에 쌓아둔 곡식을 풀어 굶고 헐벗는 사람들을 먹이고 선영들을 극진히 모시고, 저승사자까지 융숭하게 대접하고, 자신 대신 병을 얻은 백마를 위해 굿까지 벌인 후 병이 나았다는 서사이다.50)

박경양과 김부자의 대립을 다룬 경양방죽 설화는 위의 서사무가와 거의 유사한 서사구조를 갖고 있다. 욕심 많고 인심이 고약한 김부자로 인해 박경양과 박경양의 노모가 세상을 떠난 후 김부자는 죽을 병에 걸리지만 저수지를 축조하는 사업을 벌여 가난한 사람들을 먹이고 저수지를 완성해 가뭄과 홍수를 해결하자 병이 씻은 듯이 나았다는 내용이다. 사마장자는 김부자로 치환되고 중과 며느리는 굶주리는 백성들과 박경양으로 치환되며, 저승왕은 박경양의 노모로 치환되고, 노적을 헐어 동네 사람들을 먹이고 씻김굿을 벌인 것은 저수지를 축조한 것과 치환된다. 구조적으로 보면 거의 같은 이야기라고 할 수 있다.

---

50) 이영금(2007), 『전북 씻김굿 전금순의 무가』, 민속원, 323~304쪽.

경양방죽 설화는 신화적 문법을 갖고 있는 개미보은 설화와 장자풀이 무가를 경양방죽 축조 설화에 차용함으로써 전승력을 확보하고 내용적으로도 의미있는 결과를 이끌어낼 수 있었을 것으로 보인다.

2. 서사의 첨삭을 통한 설화의 재편

설화는 가변성과 적층성을 갖는 구비문학으로 각편에 따라 다른 모습을 보이는 것은 어쩌면 당연한 일이다. 구전되기 때문에 전승과정에서 개변이 불가피하게 발생하게 된다. 그 요인은 망각이나 화자의 개성에 따른 의도적인 첨삭에 의한 것이다. 전승과정에서 어떤 부분을 누락시키고 어떤 부분을 첨가시켰는지를 살펴본다면 설화 전승 집단의 의도를 파악할 수 있을 것이다.

지금까지 수집 채록된 설화가 경양방죽 설화의 전부는 아닐지라도 문법은 발견할 수 있을 것이다. 서사적 구조를 갖추고 있는 설화를 대상으로 했을 때 가장 시기가 오래된 1913년 자료에서는 김방의 역할이 강조된다. 그가 토지를 제공하고 인근 4개면의 몽리자들로 하여금 굴착작업을 하게 했다는 것이다. 또한 눈이 늦게 녹는 길을 따라 굉탄보에서 경양방죽까지 물길을 내었다는 것에서 그 능력이 강조되고 있다. 1900년도 초반까지 주민들 사이에 그 덕이 전해져서 칭송한다는 기록을 통해 주민들 사이에 전해지는 이야기임을 알 수 있다.

1930년대에 채록된 자료에서는 광주의 대부호이자 금만가인 김방이 관개수를 저류할 목적으로 방죽을 축조했다는 내용으로 비교적 간단하다. 『광주읍지』라는 문헌의 성격상 김방에 대한 구전이 역사적 사실과 다르다는 점을 들어 객관성을 확보하려는 경향이 보인다.

이에 비해 1964년에 채록된 설화에는 구체적인 인물 대신 마음씨 고운 이모가 등장하며 개미보은 서사가 처음으로 발견된다. 개미의 보은으로 큰 부자가 된 이모가 관의 추궁을 받게 된 후 굶주리는 백성들을 위해 저수지를 축조하게 되었다는 이야기이다. 이 설화는 설화적 문법에 가장 근접한 이야기로 역사적 인물인 김방이 이씨로 대체되어 있다. 설화를 향유하는 사람들에게는 김방의 이름을 기억하는 것보다 경양방죽 축조로 인해 백성들의 삶이 더 나아졌다는 사실을 기억하는 것이 더 절실했을 수도 있다.

1967년에 전남일보에 기재된 설화에는 견훤의 어머니가 경양방죽을 축조했다는 새로운 서사가 보인다. 이 시기는 경양방죽 2차 매립이 본격화되던 시점이므로 경양방죽 매립에 반대하는 사람들이 경양방죽의 역사성과 지역적 정체성을 강화하려는 의도로 만들어낸 서사일 것으로 생각된다.

1967년 문화방송의 『전설따라 삼천리』는 1964년에 채록된 이씨 이야기를 대화체 등을 삽입하여 더욱 구체적으로 제시한다. 전국적으로 채록된 설화를 소재로 하여 인기리에 방송되었던 프로그램이므로 작가들이 참여하여 청취자의 흥미를 높이기 위한 스토리텔링이 이루어졌을 것으로 이해된다.

1968년에 김방의 후손들이 발행한 책자에 수록된 설화에는 견훤의 어머니 서사를 제외한 모든 서사들이 총집합된다. 김방이 세종 22년에 광주목사로 부임하면서 축조를 시작해 3년이 걸렸다는 이야기를 추가하여 경양방죽 축조를 역사적 사건으로 탈바꿈시켰다. 또한 개미의 보은 서사를 삽입하되, 관과 대립하는 내용은 삭제한다. 앞의 이야기에서는 이씨가 부자가 된 후 관에 끌려가 문초를 당하지만 김방의 설화에서는 김방의 뜰에 쌀이 쌓여도 이것을 문제삼는 관이 등장하지 않는다. 김방의 후손들은 경양방죽 축조를 광주목사로서의 김방의 치적으로 이야기하고자 하므로 관과의 대립 서사를 의도적으로 제거했을 것으로 해석된다. 한편 저수지로 물을 끌어오는 서사를 확대하며 김방의 조부가 꿈에 나타나 광주천의 조탄보로부터 경양방죽까지의 물길을 안내했다는 서사를 더욱 상세하게 보여준다. 김방의 후손들은 김방을 현창하고 가문의 위상을 높이기 위한 목적을 갖고 있었으므로 가문의 역할을 강조하는 방식으로 서사를 재편한 것으로 보인다.

1988년에 채록된 설화에는 김방이 부정적 인물로 그려진다. 지금까지의 설화에서는 백성들을 위해 저수지를 축조한 긍정적 인물로 그려졌지만 이 설화에서는 부를 독점하고 나누기를 거부하는 부정적 인물로 그려진다. 이와 대립하는 박경양이라는 민중을 내세워 대항하는 서사를 삽입함으로써 경양방죽 축조의 공이 김방에게만 쏠리는 것에 대해 문제를 제기하고 부의 독점을 경계하려고 한 것으로 보인다. 1980년대 이후 민중문학적 시각이 확산되고 지역의 부호와 농민의 대립을 담은 마당극 등이 활발하게 만들어지면서 설화에도 영향을 미친 것으로 추정해볼 수 있다.

경양방죽 설화는 화자가 누구인가에 따라, 설화가 이야기된 시기에 따라, 미디어의 성격에 따라 변화된 모습을 띤다. 이는 설화의 숙명이기도 하다. 시간과 공간, 주체의 변이에 따라 변화하는 설화에는 설화를 향유하는 사람들의 정치사회적, 역사문화적 인식이 투영되어 있다.

Ⅴ. 맺음말

이글에서는 역사적 사실과 정합되지 않는 설화 속 사실들이 만들어지게 된 배경에 주목함으로써 경양방죽 설화를 향유하고 전승하는 주체들의 정치사회적, 역사문화적 입장을 확인하고 어떠한 서사 전략으로 담론을 실현해 가는지에 대해 살펴보았다.

역사적 기록과 설화적 내용과의 간극은 김방 가문의 위상 회복을 위한 의도에서 비롯된 결과라고 보았다. 한때는 광주에서 유력한 가문이었던 김방 가문은 낙안으로 이주한 이후에 광주에서의 영향력이 점차 감소하게 되자 김방을 경양방죽을 만든 문화영웅으로 현창함으로써 기억의 소멸을 막고 가문의 위상을 지속하고자 한 것으로 보았다.

또한 설화를 통해 공공재로서의 경양방죽의 성격을 강조하고 부의 독점에 대해 경계를 보여주고 있다고 보았다. 경양방죽은 국유저수지가 아니라 민유저수지였으며 몽리자들이 공동으로 소유한 공유저수지였다는 주장에 무게를 실었다. 민유저수지였기 때문에 축조와 관련한 사항이 역사서에 등장하지 않았으며 설화에서 가뭄과 홍수 때 굶주림에 시달리는 백성들을 구제한 주체가 관이 아니라 개인으로 나타난 것이라고 보았다.

마지막으로 경양방죽 설화의 전승 담론은 저수지를 축조한 기층민에 대한 추념을 보여준다는 점이다. 역사서에서는 간단하게 기록한 사실을 설화에서는 생생하고 구체적인 장면을 통해 이야기함으로써 경양방죽 축조의 공이 개인에게 쏠리지 않도록 서사적 장치를 한 것으로 보았다.

전승담론을 실현하기 위한 서사전략으로는 전통적 설화 모티프의 차용과 서사의 첨삭을 통한 이야기의 재편을 꼽았다. 경양방죽 설화는 신화적 문법을 갖고 있는 개미보은 설화와 장자풀이 무가를 경양방죽 축조 설화에 차용함으로써 전승력을 확보하고 내용적으로도 의미있는 결과를 이끌어냈다고 보았다. 설화는 구전되기 때문에 전승과정에서 망각이나 화자의 개성에 따른 의도적인 첨삭이 일어나는데, 설화 전승 주체들의 의도에 따라 변개가 일어났다고 보았다.

경양방죽 설화는 구전성과 창조성은 약화되었지만 아직도 현재진행형 중이다. 일제강점기에 부분매립이 이루어진 후 오염되고 부정적인 공간으로서의 이미지가 확산되고, 도시화로 인해 농업 관개수로써의 기능도 점차 잃게 되면서 설화적 전승력이 크게 약화되었던 것은 분명하다. 경양방죽 인근의 태봉산이 사라질 때 시민들 사이에 반대하는 의견이 주를 이루었고, 태봉산에서 굴착기로 공사를 하던 인부가 작업 중에 구렁이를 두 동강 낸 후 시름시름 앓다가 죽었다는 구전이 널리 회자된 것에 비해 경양방죽에 관해서는 매립을 원하는 시민들도 많았다는 것에서도 알 수 있다.

하지만 당시 매립을 반대하는 측에서는 시청을 방문하여 "광주는 산강수약山强水弱해서 선조들이 경양방죽을 판 겁니다. 그러니 경양방죽을 메우면 안 됩니다. 광주는 물이 없으면 죽습니다."라고 항의하였고[51], "광주는 풍수지리상 이무기가 용이 되어 여의주를 물고 하늘로 올라가는 형국이다. 이무기가 승천할 곳이 경양방죽이고 태봉산은 여의주이다. 경양방죽과 태봉산을 없앴기 때문에 5·18 광주학살이 일어났다."[52]라는 구전이 확인되는 것처럼 풍수지리설을 근거로 경양방죽이 광주지역에서 품어온 위상을 지켜가려는 움직임도 분명히 있었다.

일제강점기와 도시화라는 외적인 조건 속에서 그 가치를 상실해버린 경양방죽에 대해 지역민들은 안타까움을 놓지 못하고 있는 것이다. 경양방죽은 광주를 표상하는 장소로서 객관적 실체는 사라졌지만 설화를 통해 그 생명력을 지속해가고 있다고 할 수 있다.

51) 광주시립민속박물관(2018), 『태봉산과 경양방죽』, 광주시립민속박물관.
52) 추억이 깃든 경양마을 만들기 협의회(2011), 『경양방죽과 마을사람들』.

참고문헌

광주광역시시립민속박물관(2018), 『경양방죽과 태봉산』, 광주광역시시립민속박물관.

광주직할시(1990), 『광주의 전설』, 광주직할시.

구라모토 다이끼(1933), 『光州郡史』.

『일제강점기 광주문헌집』(2004), 광주시립민속박물관.

권순긍(2010), 「제천(堤川) 의림지(義林池)의 문학지리와 그 의미」, 『민족문학사연구』 제44, 민족문학사학회, 6~26쪽.

김이만, 「어장사참사가」, 『鶴皐先生文集』 권9.

김재호(2013), 「제천 의림지의 수리사적 특징과 의의」, 『민속학연구』 제32집, 국립민속박물관, 61~80쪽.

김제조씨종보편찬위원회(2001), 『김제조씨세보』, 회상사.

김홍삼(1968), 『경양방죽의 역사 -김방을 중심으로-』, 제일문화사.

류금열 역주(2008), 『堤川鄕土史料集 -조선시대 堤川邑誌類를 중심으로-』, 제천문화원.

문화방송(1967), 『전설따라 삼천리』, 문화방송.

문화방송(1995), 『한국민요대전해설집-전라북도편』, 문화방송.

밀양문화원(1994), 『밀양지명고』, 밀양문화원.

서해숙(2014), 「의림지 관련 설화에 반영된 지역민의 농경문화적 세계관」, 『동아시아고대학』 제36집, 동아시아고대학회, 45~75쪽.

서해숙(2018), 「김제 벽골제의 역사문화적 전통과 현대적 활용」, 『무형유산』 제4호, 국립무형유산원.

손진태(1947), 『조선민족설화의 연구』, 을유문화사.
이영금(2007), 『전북 씻김굿 전금순의 무가』, 민속원, 323~304쪽.
이옥희(2018), 「물대기와 관련한 전통적 농업기술과 농경문화의 양상」, 『무형유산』 제4호, 국립무형유산원.
전라남도향토사편찬위원회(1964), 『전라남도향토사』, 전라남도.
전진성(2005), 『역사가 기억을 말하다』, 휴머니스트.
추억이 깃든 경양마을 만들기 주민협의회(2011), 『경양방죽과 마을사람들』, 추억이 깃든 경양마을 만들기 주민협의회.
추억이 깃든 경양마을 만들기 주민협의회(2014), 『추억이 깃든 경양마을 이야기』, 추억이 깃든 경양마을 만들기 주민협의회.
한정훈(2017), 「도시에서 공간의 소멸을 둘러싼 담론 형성과 지향 -광주 경양방죽과 태봉산을 대상으로-」, 『한국민속학』 제66집, 61~94쪽.
디지털김제문화대전 ; http://gimje.grandculture.net.

근현대 시기의 경양방죽

배재훈

Ⅰ. 들어가며

경양호[1)]와 태봉은 전통시대 광주를 대표하는 경관 요소였다.[2)] 이 중 경양호는 방죽을 쌓아 만든 인공 저수지이자 호수

1) 오늘날의 광주광역시 동구 계림 1동에 위치했던 인공 호수에 대한 명칭에는 경양방죽, 경양호, 경양지, 경호, 서방지, 연지, 수련지 등의 용어가 쓰였다. 여기서 경양은 인근에 위치한 경양역에서 유래한 말이며, 서방은 경양면이 서방면으로 바뀐 이후에 사용된 것으로 보인다. 한편, 연지는 일제강점기 제작 지도나 지적도 등에서 확인되는데, 일제의 관찬 지도류는 일관되게 '연지'라는 표기를 쓰고 있다. 조선 후기의 지리지나 회화식 지도 등에 등장하는 이 호수에 대한 명칭은 경호가 일반적이었다. 본 글에서는 일제강점기 이전에는 경호, 이후에 대한 언급에는 경양호라는 표현을 쓸 것이다. 방죽은 제언을 의미하는 것이므로, 가능하면 그에 한정하여 쓰도록 하겠다.

2) 양자에 대한 기록과 연구는 1968년 이후 한동한 뜸하였으나, 최근에 다시 활발히 이루어지고 있다. 그 최초의 시도는 金洪三, 『景陽방죽의 歷史』, 第一文化社, 1968이며, 2011년 이후로 '광주광역시 동구 계림1동 추억이 깃든 경양마을 만들기 주민협의회'가 구성되면서 양충조의 책임 편집으

였다. 경양방죽의 최초 축조에 대해서는 학자에 따라 여러 가지 이론이 있는데, 대체로 조선 전기 15세기~16세기 사이에 축조된 것으로 볼 수 있다.[3] 이 시기 이후 경양호는 여러 문인들의 글, 각종 회화식 지도에 태봉과 함께 당당히 그 모습을 남기고 있다. 그리고 이는 오늘날 광주의 상징처럼 여겨지는 무등산만큼이나 중요시되었고, 그 자체로 지역민의 자부심 중 하나이기도 했다.

이 거대한 인공 호수의 축조 이유에 대해서는 다양한 이견이 있지만, 주변 농지에 대한 농업용수 확보, 수해 방지 정도로 정리될 수 있다. 하지만 전통시대 이래로 인근에서 호수의 물을 이용한 농경이 적극적으로 이루어진 것을 고려할 때, 농업용수를 확보하는 것이 1차적 목적이었을 가능성이 높다. 그 때문에 1967년 매립의 이유 중 가장 큰 설득력을 얻었던 것도 경양호를 수원지로 하는 몽리답의 면적 축소였다. 따라서 다

로, 『경양방죽과 마을사람들』, 2011; 『추억이 깃든 경양마을』, 2012; 『경양마을 이야기』, 2014 등이 간행되었다. 그리고 최근에는 광주광역시립민속박물관에서 『경양방죽과 태봉산』, 2018을 간행한 바 있다. 앞서의 네 권의 책은 가벼운 에세이집 정도로 볼 수 있으며, 광주광역시립민속박물관 간행 서적은 경양방죽 및 태봉산에 대한 사료와 각종 통계 자료, 각종 도시계획 자료, 구전 채록 등을 포함하는 종합자료집으로 편찬되었다.

3) 이에 대해서는 변동명, 「광주 경양방죽의 수축과 운영」, 무등공부방 발표문, 2018을 참고. 기존의 15세기 김방 축조설은 여러 모로 무리가 있는 견해이며, 경양호가 본격적으로 언급되는 시기는 16세기 후반이기 때문에 그 축조 시점은 16세기 중반 이후로 보는 것이 합리적일 것이다. 이에 대한 최초의 언급은 高敬命의 「景陽茅停」으로 보인다(『霽峯集』 卷2, 詩, 「景陽茅停」). 그러나 현 시점에서 문헌사적 고찰만으로 축조 시기를 확정하기는 어려운 측면이 있다.

른 여러 이유들은 부차적인 것으로 볼 수 있고, 가장 중요한 목적은 갈수기에 건천으로 변모하는 동계천의 불확실한 농업 용수 공급 능력을 경양호를 통해 안정적으로 보완하는 것에 있었을 것이다.[4)]

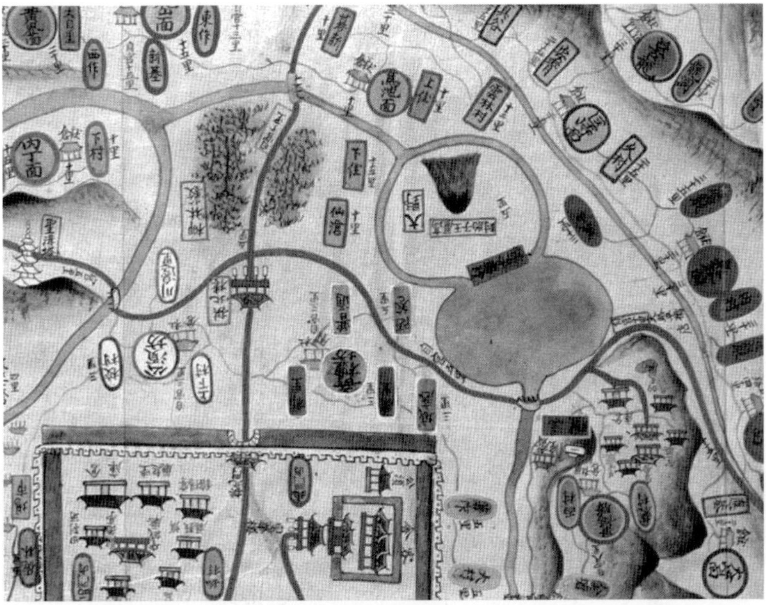

〈그림 1〉 1872년 지방지도 광주목지도 중 경양호 주변 모습[5)] 이 지도는 경양호의 제방만 '금교방죽'이라 표기하고 있다.

4) 그 외 광주천의 수량을 조절하여 범람을 막는 목적 역시 있었던 것으로 지적된 바 있다(변동명, 앞의 논문, 2018 참고).

5) 『1872년 지방지도』, 「광주목」. 본래 이 지도는 광주의 진산인 무등산을 배후에 두고 그려졌다. 이 그림은 현재의 지형과 대비하기 쉽게 이를 180도 회전시킨 것이다. 이 지도는 전통시대 광주의 지형을 기록한 지도 중 가장 자세한 것 중의 하나이다.

이 호수는 시대와 기록자에 따라 차이가 있지만, 제방의 길이만 최대 5리(2㎞)[6] 이상으로 기록된 경우가 있을 정도로 큰 규모를 자랑했다. 일제강점기의 근대적인 측량 조사 결과에 따르면 당시의 규모는 대략 65,418평(215,879㎡) 정도였다고 한다.[7] 다만, 이 시기의 규모는 인근 경작지 등이 확대되어 호수를 침범하게 된 이후의 상황일 것으로 보이므로, 축조 직후의 상황과는 차이가 있을 가능성이 있다. 한편, 너른 호수와 긴 제방 주변으로는 갈대숲과 버드나무 숲이 우거졌으며, 안에는 인공섬도 자리하고 있었다.

이 호수의 배후에는 야트막한 노년기 산지로 이루어진 구릉지대가 있었고, 거기에는 경양역이 자리했다. 경양역에는 역토와 목마장, 역관둔, 그리고 경양역에 할당된 여러 명목의 궁방전 등의 토지가 딸려 있었다. 그리고 대부분의 경우 경양호와 경양역은 함께 언급되고는 했다. 역이 폐지되고, 면리제의 시행으로 그 지역이 경양면이 되기 전부터 호수가 경양호라 불리는 경우가 있었음을 고려하면, 경양호는 역에 딸린 각종 토지의 경작을 위해 관에서 축조한 저수지일 가능성이 높다.

축조 이후 이 호수는 경호鏡湖라 불리며, 맑고 깨끗한 물과 아름다운 풍광으로 널리 알려졌다. 아울러 이 물을 활용할 수

6) 『頤齋遺藁』 卷2, 詩, 景陽湖. 하지만 경양호 인근의 지형이나 기타 제반 조건에서, 제방의 길이만으로 이 규모를 유지할 수는 없었을 것으로 보이며, 이는 호수 둘레의 규모를 의미하는 것으로 판단된다.

7) 광주광역시립민속박물관, 『경양방죽과 태봉산』, 2018, 63쪽. 이 수치는 측량한 시점마다 조금씩 차이가 있다.

있었던 인근의 토지들은 갈수기에도 관개에 대한 걱정을 덜 수 있어서 소출을 높이는 데에 유리했다. 한편, 주변의 경호대에는 같은 이름의 정자가 들어서 이를 중심으로 지역의 유명 인사, 이 지역을 지나는 관료나 유배객 사이에 교류의 장이 만들어지기도 했다. 이 모든 것이 전통시대 경양호를 둘러싼 풍경이었다. 그러나 이러한 상황은 일제강점기에 들어서게 되면서 변화하게 된다.

경양역의 토지들은 그 성격상 국유지로 볼 수 있다. 1895년 전국의 역 소유 토지에 대한 일제 조사에서 확인된 경양역의 토지 결수는 상당한 규모였다.[8] 그 위치에 대한 구체적 정보는 확인되지 않지만 대체로 역 주변에 있었다고 보면, 역둔토만 수십만 평에 달했을 가능성이 높다.[9] 따라서 이 토지들은 일제의 토지조사 사업 이후 일인들에게 불하되어 농장이나 건축용 대지 등으로 전용되었을 가능성이 높다. 무엇보다 경양

8) 『湖南驛誌』. 당시의 조사는 갑오개혁에 따른 우체사(郵遞司)의 설치에 따른 경양역 소유의 국유 재산 등에 대한 현황 조사의 성격을 가진 것으로 보인다. 다만 실제 내용은 1866년에 작성된 『景陽志』의 내용이기 때문에 역지의 제작 시점 상황과 완전히 일치하지는 않을 수 있다.

9) 일제강점기 초기에 강탈된 경양역 소유 토지의 규모는 논 172.7정보, 밭 30.5정보라고 한다(양충조 편, 『경양마을 이야기』, 2014, 32쪽). 이를 평으로 환산하면 논은 518,100평이고, 밭은 91,500평에 해당한다. 다만, 위의 자료는 근거가 명확히 제시되지 않아, 구체적 수치 등에 대해서는 검증이 필요할 것으로 보인다. 1정보의 면적은 대략 조선 후기 1등전 1결의 넓이와 일치한다. 1866년 경양역에 딸린 역마의 마전 약 50결과 12결의 관둔전, 20결의 품전, 그 외 기타 토지의 규모 등을 고려할 때 이 역시 허황된 규모는 아닌 것으로 보인다.

호도 당시의 기준으로는 국유지인 공유수면에 해당했다. 아울러 새로운 관개 기술 등이 확보되면서 도심에 위치한 대형 저수지의 기능을 대체할 수단도 점차 갖추어지기 시작했다.

이러한 근대사회의 흐름은 경양호에 대한 인식의 변화를 불러오게 되는 배경이 되었다. 일제는 광주 지역에 필요한 용수 확보를 위해 수원지를 적극 개발했고[10], 영산강이나 광주천의 물을 근대적인 관개시설을 통해 제공하는 것에도 큰 문제는 없었다.[11] 이처럼 대규모로 확보된 수원지들에 비해 농업용 등 제한적인 활용만 가능한 경양호의 기능은 그다지 매력적인 것이 아니었을 것이다. 그리하여 1930년대 이후로 경양호를 매워 이를 택지로 개발하고자 하는 도시계획이 두 차례 진행되었다.

---

10) 광주광역시 편, 『무등산 생태박물관』, 2016, 92~95쪽. 1920년에 제1수원지가 만들어졌고, 경양호가 1차로 매워지는 1939년에는 보다 규모가 큰 제2수원지가 완공된다. 제2수원지 공사는 경양호 매립이 고려되던 1936년 시작되는데, 당시의 도시계획 목표는 20년 안에 인구 30만의 도시로 성장하는 것이었다(「三十萬府民을 目標로 第二水源池의 施設」, 『東亞日報』, 1936년 2월 2일자 기사).

11) 조선시대 내내 하천의 물을 주변의 토지로 공급하는 수차(水車)의 제작과 공급이 주목을 받은 바 있지만, 개항 이후 근대 기술이 들어오기 전까지 어느 것 하나 성공한 바가 없었다. 이 때문에 천수답의 개간은 매우 느리게 진행되었고, 산지 곡간의 자연 수로를 이용한 계단식 경작이 논농사에는 더 유리하였다. 조선 후기에는 만인보 등의 '보' 시설이 늘어나게 되는데, 보를 활용하여 주변의 경작지보다 높은 수위를 확보한다는 점에서 기존 천수답의 활용성을 높이는 시설로 주목받았다. 광주천에도 경양호의 수량 확보를 위해 설치된 조탄보(조참보)가 있었다.

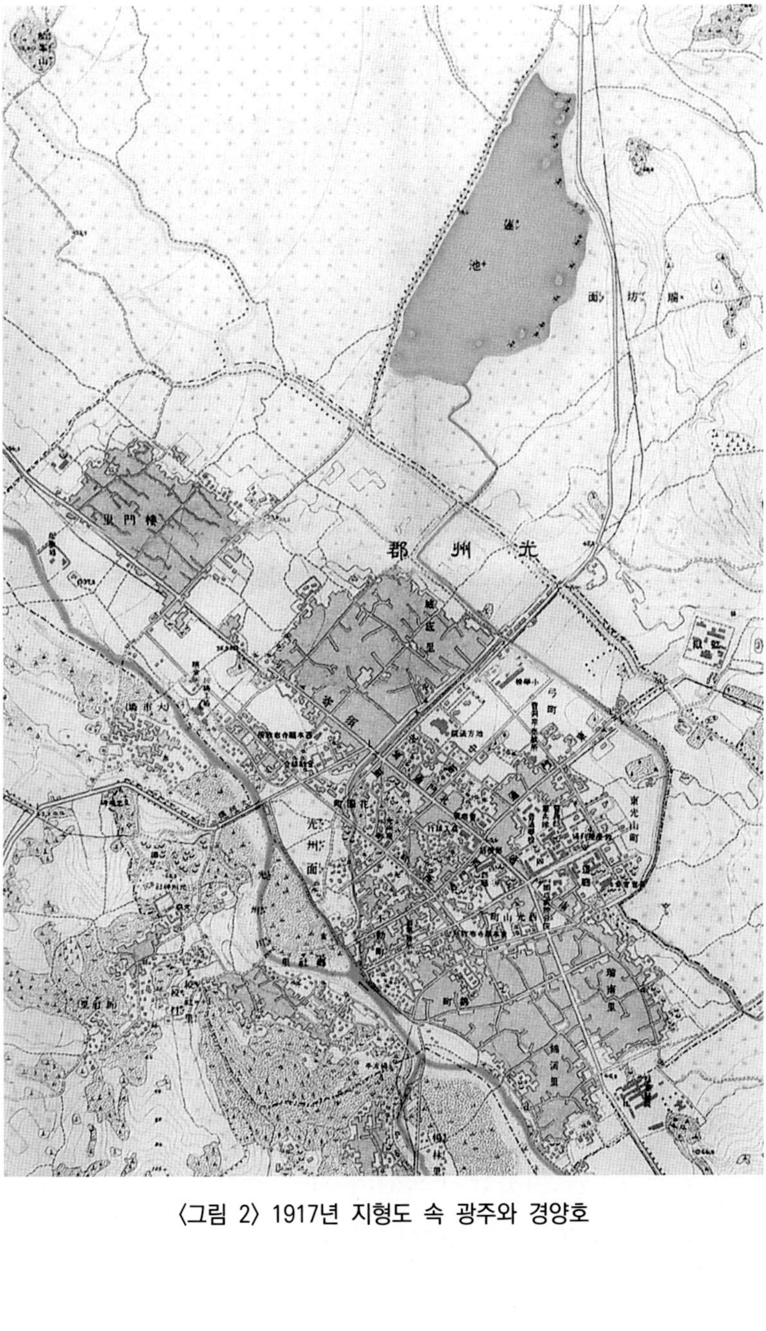

〈그림 2〉 1917년 지형도 속 광주와 경양호

물자원의 관리에 자신감이 붙은 시기가 되면서 경양호와 같은 도시 인근의 호수는 도심 확장을 위한 개발 대상으로 더 주목을 받게 되었다. 따라서 이 시기는 경양호의 전체 역사로 보면 불과 삼십여 년에 불과하지만, 이전과는 다른 존폐의 고난이 거듭되는 시기였다고 할 수 있다. 한편으로 당시는 근대화에 대한 갈망이 컸고, 대부분의 개발 행위는 근대화를 향한 적극적인 대응으로 읽혀지기도 했다. 그에 따라 도시의 경관이 크게 바뀌는 경양호의 매립이나 태봉산을 허무는 일 등이 합리화되기도 했다.

본 논문은 이러한 근현대 시기 경양호를 둘러싼 움직임들을 살펴보고자 한다. 무엇보다 경양호를 둘러싼 환경의 변화가 거셌던 것은 1930년대의 도시계획에 의한 도시개발이었다. 이를 검토하기 위해 당시 광주의 변화와 일제의 도시개발 정책, 그리고 그것이 어떻게 경양호를 둘러싼 담론을 형성해가고 그에 대한 대응 논리는 어떻게 제시되었는지를 검토할 것이다. 그런 이후에는 1960년대 진행된 또 다른 경제적 근대화 매진 시기의 경양호 매립 과정과 그 내적 논리들을 검토할 것이다.

양 지점 모두 도심의 근대화라는 뚜렷한 목표 아래 움직였으나 그 결과는 조금 달랐다. 이에 대한 차분한 검토는 향후 경양호에 대한 우리의 태도를 정하는 데에도 도움이 되리라 기대된다. 마지막으로 매립되어 사라진 경양호의 새로운 활용 방안을 계림동을 비롯한 구도심의 기능 활성화 등과 연계하여 검토할 것이다. 이는 현시점에서는 다소 선부른 것일 수 있지만, 그에 대한 기본적인 정책 방향 설정은 어느 때이건 진행되어야 할 필요가 있다는 점에서 간단한 의견을 개진하는 방향이 될 것이다.

Ⅱ. 1차 매립과 광주 시민의 저항

경양방죽은 최소한 조선 중기 이후에 축조되어, 주변 전답에 대한 농업용수의 공급, 하천의 범람 방지 등의 기능을 하였다. 다른 한편으로 커다란 제방과 그 안에 고인 맑은 물이 이룬 풍광은 광주를 대표하는 도시 경관의 하나로 자리 잡기도 하였다. 그 때문에 수많은 시인과 묵객들이 이곳을 방문하여, 그와 관련된 다양한 시문들을 남겼다. 경양방죽에 의해 형성된 인공 호수는 경양호나 경호로 불렸으며, 이에 대한 문학적 향유는 곧 호수를 둘러싼 인문학적 경관을 형성하였다.

적어도 400년가량은 지속되었을 이러한 모습은, 이후 자연스럽게 '광주'를 떠올리는 대표적인 경관 요소 중의 하나가 되었으며, 도시를 방문하는 사람들이라면 '경양호'의 풍광도 함께 경험하는 것이 당연한 상황이 되었다.[12] 광주의 주민들은

12) 경양호를 방문하여 그와 연관된 시문을 남긴 조선시대 인물로 그간 잘 알려진 이름으로는, 高敬命·趙彭年·趙希逸·梁慶遇·黃胤錫·李學逵·丁若鏞·張泰慶·李崑壽 등이 있다. 이에 대한 조사가 면밀하게 더 이루어진다면, 그 사례는 더 늘어날 것이다.

인위적으로 조성된 환경이었지만, 수백 년의 시간 동안 대대로 그 곳에 위치했던 경양호를, 도시를 이루는 당연한 구성 요소 중의 하나로 여기며 살아갔다. 아울러 그들에게 있어 '경양호'에 대한 외부인들의 찬사는 또 하나의 자부심이기도 했다.

전통시대 광주의 모습을 남긴 회화식 지도에는 진산인 무등산, 경양호, 태봉이 빠짐없이 그려졌다. 각각의 지도가 보여주는 정확도나 제작에 들인 공의 차이에도 불구하고, 어느 것이나 이 세 요소는 꼭 담겨 있다. 이는 당시인들이 광주라는 고을을 묘사하는 데에 있어, 이들 요소가 필수적인 것으로 인식되었음을 의미한다. 그러나 이처럼 광주를 대표하는 도시 경관 요소 중의 하나를 이루었던 경양호는 일제강점기 중반을 지나면서 존립의 위기를 맞게 된다.

그 원인은 전라남도를 대표하는 도시로 성장한 근대도시 광주의 급격한 인구 증가와 그에 따른 도심 확장의 필요성 때문이었다. 좁은 읍성 영역을 벗어나 확장하기 시작한 광주는 주변 지역의 인구를 빨아들였고, 1930년대 중반에 들어서면 인구 50,000명을 넘는 큰 도시가 된다. 도심 확장의 공간 부족은 당시로서는 매우 심각한 문제였다. 그런 일제 위정자들에게 있어, 시가지 확장에 있어 유리한 지점에 위치하며, 국유지로서 저렴하게 개발하여 공급할 수 있는 경양호의 개발은 매혹적인 '사업 대상'으로 주목되었다.

전근대 각 지역 치소의 읍성을 중심으로 발전하기 시작한 식민지 조선의 근대적 도시들은 1910년대에 읍성의 성곽을 허물며 인근으로 확장하게 된다.[13] 그에 따라 광주도 이미 1915년이면, 과거의 성벽은 모두 사라지고 그 자리는 옛 도심의 외곽도로 정도로 이용된다.[14] 이후 급격한 도시의 성장에 따라 기존 읍성을 기반으로 하는 도시의 한계가 점차 드러나게 된다. 이에 따라 일제는 1934년 「조선시가지계획령」[15]을 제정하여 근대적 도시계획의 기반을 삼게 된다.[16] 이 법률은 1936년부터 본격적으로 시행되면서 이후 식민지 조선의 도시개발을 계획적, 제도적으로 유도하기 위한 수단이 되었다. 그리고 그에 따른 시가지 계획, 도심 확장을 위한 토지 확보 방안 등이 각 도시별로 세워지게 된다.

광주의 경우 이 계획은 1936년을 기준으로 하여 1967년까지를 계획 기간으로 하였고, 당시의 인구는 64,169명, 계획이

13) 일제는 대한제국의 각 지방 치소 등으로 활용된 읍성을 허무는 것을 시작으로 하여 근대적 도시 계획의 첫 단추를 끼우게 된다. 이 작업은 1907년 7월 30일 내각령 제1호 성벽처리위원회 규정에 의해 명시되며, 그로부터 구체적인 해체 계획 등이 광주를 비롯 각 지역별로 세워진다(황영산·전영숙, 「광주읍성 공간의 형성과 해체 그리고 재현」, 『한국도시지리학회지』 18-1, 2015, 5쪽).

14) 「광주시가도」, 1915년 간행; 송인성, 『도시경영론』, 전남대학교출판부, 2008, 158쪽.

15) 1934년 6월 20일 제정, 1934년 6월 28일 시행된 조선총독부의 근대적 도시 계획으로 전체 50조로 구성되었다. 여기에는 도시 기능의 확장에 따른 시설과 건물, 도로 등의 규정과 함께 기존 도심의 재개발 등과 관련된 규정 역시 포함되어 있었다. 현실적으로는 한반도에서 시행된 최초의 근대적 도시계획이라 할 수 있다.

16) 이규환, 「조선시가지 계획령과 서울의 도시개발사업」, 『중앙행정논집』 16-2, 2002, 182쪽. 「조선시가지 계획령」은 해방 이후에도 「시가지계획령」으로 남았고, 이는 1967년 경양호 매립의 근거로 다시 활용된다.

종료되는 1967년의 인구는 15만으로 예상하였다.[17] 이 계획에서 특히 주목할 점은 오늘날의 광주역을 중심으로 하는 도심의 재구성에 있었다. 당시 제작된 「광주시가지계획평면도光州市街地計劃平面圖」[18]에는 철도에 평행하는 동-서 방향의 도로와 광주역 앞에서 방사선 상으로 뻗어가는 도로를 중심으로 하는 새로운 도심의 형성과 행정구역의 확대 계획 등이 담겨 있다. 당시 이 지역이 대체로 농업 지대였던 것을 고려하면, 이는 매우 적극적인 도심 확장을 고려한 것으로 볼 수 있다.

일제 위정자들이 특히 관심을 기울였던 토지 확보 방안은 하천이나 호수 등 공유수면의 매립이었고, 이에 따라 도심 하천의 직강화나 제방공사, 그리고 호수의 매립 등이 이루어졌다.[19] 광주의 경우 도시 경관의 중요한 축을 담당했던 광주천과 경양호가 주목되었다. 천변 토지의 이용은 도시 계획 이전부터 진행되었던 것이었지만, 경양호의 활용은 이전 단계에서

---

17) 이하의 서술은 "스토리광주 1. 광주 최초의 법정 도시계획-광주시가지계획의 자세한 이야기", 광주광역시 지속가능발전협의회, 2018년 7월 8일 접속, http://www.greengj21.or.kr/contents/board/default/view.php?top_menu=board&menu=10&sub_menu=&bbs_uid=5238를 참고.

18) 「光州市街地計劃平面圖」. 이 지도는 조선총독부 고시 제901호에 따른 계획도의 일부로 1939년 10월 31일 승인되어 간행된 것이다. 일제에 의한 이 구상은 대한민국 수립 이후에도 유효하여, 1960년대에 들어 최종적으로 완성된다.

19) 「공유수면매립령」은 1923년 제정되었으며, 이는 1921년 일본에서 시행된 법률을(「공유수면매립법」) 조선에 적용하는 것이었다. 공유수면의 매립은 총독부의 허가를 받아 진행되었다. 또한, 충분한 자본을 가진 경우 매립 허가를 받아 공사를 진행하고 준공인가를 받았다면, 그에 대한 소유권을 인정받을 수 있었다.

는 이루어지지 않았던 것이었다. 따라서 「조선시가지계획령」에 따른 광주의 도시 계획에서 주목된 것은 경양호, 즉 경양방죽의 공유수면이 되었다.

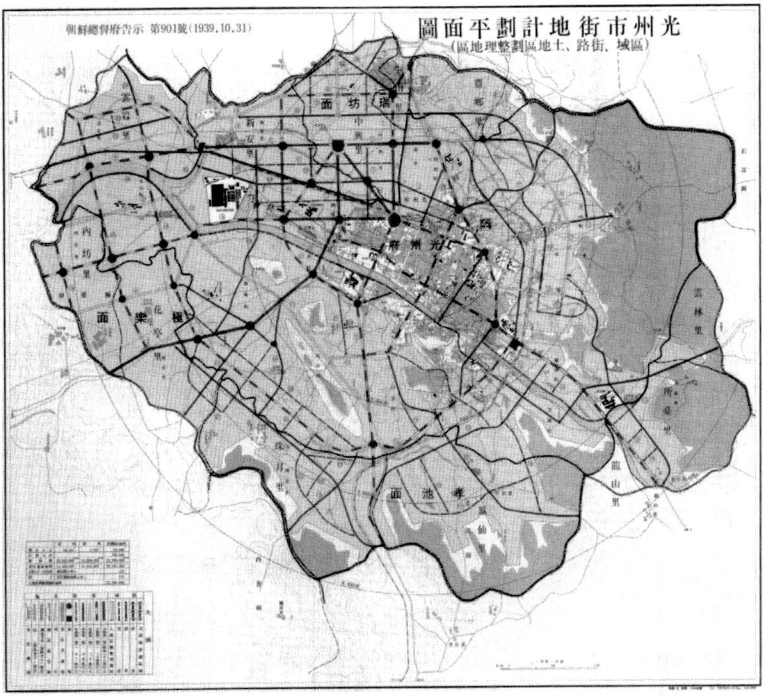

〈그림 3〉 1939년 광주시가지계획평면도

하지만 그들은 광주시민들이 가지고 있던 경양호에 대한 역사적·문화적 배경에 대한 이해가 부족했고, 그에 따라 이 계획은 큰 저항에 직면하게 되었다. 이는 도시 경관을 이루는 호수에 대한 매립 문제에서 시작된 것이었지만, 실제 전개는 일제강점에 대한 불만과 그에 대한 민족 저항의 측면에서 진행되었다. 경양방죽은 조선시대에 이루어진 인위적 축조물로서 그와 관련된 갖가지 인문·역사·문화적인 요소들이 누층적으로 결집된 인문학적 경관이기도 했다. 아울러 1935년 무렵에는 이미 인근에 화초가 재배되고 도로가 정비되어 접근성을 높이는 등 근대적인 공원으로 변해가고 있었다.[20]

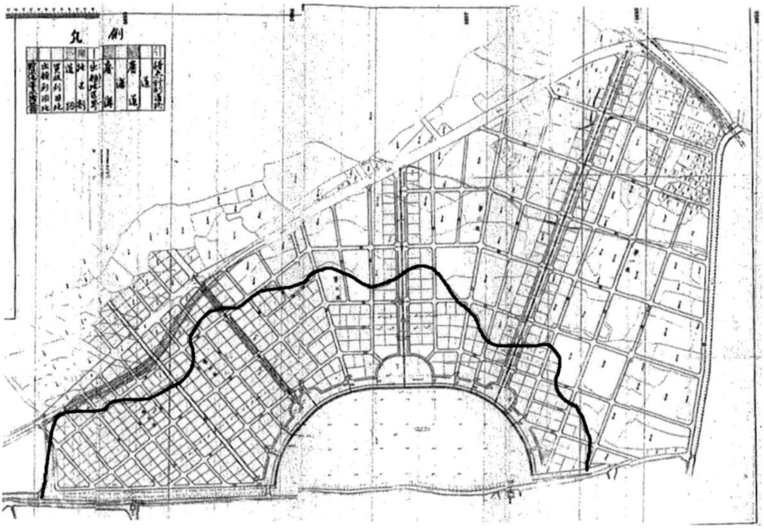

〈그림 4〉 제1차 매립 계획 당시의 도면.[21] 진하게 덧칠한 선은 매립 이전의 경양호 영역이다.

20) 「光州의 大遊園地 景陽池에 花草栽培 五萬市民의 歡樂境」, 『동아일보』 1935년 2월 16일자 기사.

21) 광주광역시립민속박물관, 앞의 책, 2018, 70쪽.

그에 대한 매립은 그 문화적 자긍심에 대한 부정처럼도 읽혀질 수 있었다. 따라서 도심 확장이라는 당면한 근대 도시의 확장 요구에도 불구하고 시민[22)]들로서는 타협할 수 없는 부분이기도 했다. 또한, 일제는 이에 대한 계획을 주민들과 공유하지 않고 몰래 진행하고 있었다. 그리고 당시의 계획에는 이미 경양호의 매립이나 태봉산을 허무는 등의 토목 계획이 포함되어 있었다. 이 두 요소는 모두 그들이 향후 광주 발전의 중심축으로 내세웠던 현 광주역 앞의 중심 지구 내에 있었기 때문이었다. 다만, 현실적인 여건상 계획 초기 구체화된 것은 경양호의 매립이었다.

이렇게 매립 계획이 구체화되어 진행되던 1937년 6월, 광주의 부읍장을 지낸 박계일朴癸一[23)]은 일제의 매립 계획을 접하고, 이를 비밀리에 광주 지식인 사회에 전달했다.[24)] 그 내용은 전라남도지사와 광주읍장이 일본인들의 주택지 확보를 위해 경양호를 전면적으로 매립할 계획을 세우고 있으며, 그에 따라 구체적인 설계가 진행 중이라는 것이었다. 당시의 도시 계

---

22) 당시의 광주는 光州府로서 엄밀히 이는 광주부민으로 써야 하나, 이 글에서는 과거와 오늘을 관통하는 사회 주체의 개념으로서 이를 시민으로 통일하였다.

23) 金洪三, 앞의 책, 1968, 81쪽. 이 책에서 박계일은 전 부읍장으로 소개되고 있지만, 일제강점기 관보 자료 등에서 관련 내용이 확인되지는 않는다. 다만, 1930년 도평의회원으로 활동한 사실(「朝鮮總督府全羅南道告示第六十七號」, 『朝鮮總督府官報』, 소화 5년(1930) 4월 26일자)이나 재판소서기(「敍任及辭令」, 『朝鮮總督府官報』, 대정 2년(1913) 3월 29일자)로 있었던 사실 등은 확인된다.

24) 金洪三, 위의 책, 1968, 81~84쪽.

획은 광주시보다는 조선총독부에 의해 진행되고 있었다. 그러나 측량이나 현지 상황 파악 등에 현지 행정 인력의 도움 역시 필요했을 것이므로, 박계일도 아마 그런 가운데 이런 정보를 접하였던 것으로 보인다.

박계일을 통해 경양호 매립 계획을 전달받은 서석병원의 원장 최영욱崔泳旭은 이를 최흥종崔興琮 목사에게 전달하였다. 일제강점기 동안 YMCA를 비롯 광주 지역의 근대적 시민사회운동의 중심에 있던 최흥종 목사는 이후 격렬한 반대 투쟁의 중심에 서게 된다. '경양방죽 매립 반대 운동'은 최흥종 목사와 동아일보지국장으로 있던 김용환金容煥을 중심으로 '경양지 매립반대투쟁위원회景陽池埋立反對鬪爭委員會'가 꾸려지면서 본격화된다. 이들은 관련 내용을 광주시민들에게 적극적으로 알리고, 자신들의 반대 의견을 담은 진정서를 전남도지사에게 제출하였다.

당시의 진정서는 '경양방죽'을 '시민 민생과 관련된 농업경영의 원천수', '광주천의 홍수 조절 기능', '소화수로의 높은 가치를 지니는 저수시설', '도시 확장에 따른 미관 요소', '광주를 대표하는 역사적 유산으로서 문화재적 가치를 지니는 제방' 등으로 표현하였다.[25] 이는 당시의 광주 시민들이 경양호를 어떻게 생각했는지를 드러내는 것으로, 그 문화적·경관적·문화재적 가치 등을 지적한 부분은 매우 선진적인 인식

25) 金洪三, 위의 책, 1968, 82~84쪽.

이기도 했다.

이와 같은 광주시민의 적극적인 저항은 일제 위정자들이 미처 고려하지 못하였던 것이었다. 한편으로 이러한 시민 저항에 따른 계획의 지체는 전국 단위로 경쟁적으로 진행되는 도시개발 사업에서 자신들만이 뒤쳐질 수도 있다는 위기감을 갖게 하였을 것이다. 광주시민들의 저항이 적극적으로 전개되자, 이들은 기존의 매립 계획을 수정하여 호수 전체의 2/3는 매립하고, 나머지 1/3은 경관적 요소와 도심 공원으로서의 기능 등을 위하여 존치하는 타협안을 제시하였다.[26] 이는 식민지 통치 세력에 대한 시민 저항이 이룬 쾌거였다.

경양호의 매립은 1938년 4월 16일 기공식을 갖고[27] 1940년 보트장 설치까지 2년 정도 진행되었다. 호수 매립 공사와 주변 환경 정비는, 이러한 광주시민들의 적극적인 의견 개진에 의해 대폭 수정되어, 호수 면적의 1/3 축소와 나머지 수면 매립, 그리고 근대적인 수변공원 조성 계획이 종합적으로 진행되는 방향이 설정되었다. 매립 공사는 1938년 4월 18일 시작하여 1939년 10월 준공되었다. 당시의 공사비는 11만5천원[28]이었

26) 「景陽池를 埋築 光州 住宅地로 變更」, 『東亞日報』, 1937년 7월 1일자 기사.
27) 「光州府新宅地인 景陽池埋築起工」, 『東亞日報』, 1938년 4월 19일자 기사.
28) 실제 공사비는 위의 기사와 차이가 있는데, 24만원이 넘게 지출되었다고 한다(광주광역시립민속박물관, 『경양방죽과 태봉산』, 2018, 69쪽). 공사비 관련 내용은 앞서의 『東亞日報』의 1937년 기사에서도 확인되는데 금액은 2만원이다(『東亞日報』, 1937년 7월 1일자 기사). 이로 보아 이 사업은 초기 예상과는 달리 공사의 규모가 커졌으며, 전체 사업 비용 24만원 이상, 그 중 11만5천원이 매립공사비로 산정된 것으로 판단된다. 이후 이 비용

고, 사업 내용은 경양지를 매립하고 주택 단지를 건설하는 것으로 외부에 소개되었다.[29] 그리고 1940년 2월에는 매립된 지역이 327개의 필지로 구분되어 분양되었다.[30]

경양호와 그 주변에 대한 정비는 1940년 5월 22일 25척의 보트가 설비된 보트장이 완공되는 것으로 종료된다.[31] 비록 호수의 면적은 축소되었지만, 누구에게나 개방된 도심 인근의 근대적 공원이 만들어졌다. 호수 인근에는 각종 휴식 시설이 들어섰으며, 위락을 위한 보트장도 설치되었다. 당시의 경양호는 반원형의 기하학적인 모습으로 재탄생했다. 이는 부정형에 가까운 과거와는 많이 달라진 모습이었다. 당시 사람들에게 새로운 경양호는 인공적인 느낌이 강하게 드는 반원형의 모습으로 그 자체가 근대적인 도시 계획의 상징처럼 느껴졌을 것이다.

은 1939년 초에는 18만원까지 늘어나며(「各府의 새해 設計 光州建設譜」, 『東亞日報』 1939년 1월 13일자 기사), 최종적으로는 24만원이 소요된다. 다만, 액수의 차이가 큰 동아일보 기사의 2만원은 1937년 사업에 투입된 설계나 기본 계획 등을 위한 기초 비용으로 판단된다.

29) 「景陽池埋立工事の "鍬入式" 盛大に 執行」, 『釜山日報』, 1938년 4월 18일자 기사. 기사에 앞서 1938년 4월 16일 진행된 기공 행사는 광주신사에서 제를 올리는 것으로 시작하여, 광주부윤, 광산군수, 광주서장, 전라남도의 각급 과장들이 참석하는 등 성대한 행사로 치러졌다.

30) 광주광역시립민속박물관, 앞의 책, 2018, 103~117쪽. 당시의 토지는 일제의 「공유수면매립령」에 따른 출자금 순으로 배분되었던 것으로 보인다. 위의 기록에 따르면 당시 가장 많은 토지를 불하받은 인물은 당시 양림리에 거주하던 정상호(1,736평)였다고 한다. 그 외 전라남도는 1,657평, 광주부는 930평 정도를 소유하게 되었다.

31) 『釜山日報』, 1940년 5월 24일자 기사.

이처럼 광주시민들은 일제의 무단적인 도시계획 정책에 저항하였고, 이를 통해 경양호를 지켜냈다. 그리고 이와 동시에, 이후 수십 년간 광주시의 주요한 경관 요소 중의 하나가 된 근대적 도심 공원을 확보하였다. 이는 단순히 과거의 유산일지도 모르는 농업용 저수지 하나를 지켜낸 것에 그치는 일이 아니었다. 그들은 유서 깊은 도시의 경관을 지켜내고, 이를 현대적 의미의 공원으로 탈바꿈시키는 데에 성공했기 때문이다.

1940년 이전의 경양호가 역사적 개념이라면, 그 이후의 경양호(경양방죽)은 오늘날까지 이어지는 역사적 '경험'으로서의 가치를 지니는, 보다 적극적인 의미를 갖는 도심 경관 요소라 할 수 있다. 이렇게 형성된 도심 수변 공원으로서의 경양호는 1968년 완전히 매립되어 사라지는 시점까지 광주시민들의 다양한 경험과 기억 속에 남아 있게 되었기 때문이다. 따라서 광주시민들이 떠올리는 모습은 모두 이 이후의 경양호라 할 수 있다.

경양호의 1차 매립은 공사 시작 전에 조사된 전체 면적 64,443평 중 45,611평에 대하여 실시되었다. 그리하여 매립 이후 경양호는 전체 규모 18,832평으로 기존의 규모에 비해 1/3로 축소되었다. 이는 기존 규모에 비하면 대폭 축소된 것이지만, 경양호는 당시의 부분 매립 이후에도 무려 대략 18,832평에 달하는 규모를 자랑했다.[32] 아울러 그 성격 또한 기존의 농

32) 이상의 규모 부분 언급은, 광주광역시립민속박물관, 앞의 책, 2018, 70쪽 참고.

업용수 공급 보다는 도심 속 공원이라는 측면이 강조되었다. 이후의 경양호는 명실상부한 근대적 호수 공원으로 탈바꿈했기 때문이다.

Ⅲ. 매립 이후의 경양호와 2차 매립 요구

1940년까지 매립과 주변 정리가 끝난 이후의 경양호는 이전과는 다른 인공적인 성격이 더욱 강한 호수가 되었다. 제방을 기준점으로 하여 장타원형의 구조물을 정확히 반으로 자른 듯한 모양이 형성되었기 때문이다. 아울러 과거와는 달리 전체 호수를 빙 둘러 인공적인 축대가 들어선 모양이 되었다. 변화는 호수뿐 아니라 주변 지형에도 영향을 미쳤다. 경호대를 비롯 주변의 야트막한 구릉지들이 매립을 위해 깎여 나갔기 때문이다.

경양방죽은 조선시대 이래의 방죽을 거의 그대로 두었기 때문에 만수위는 이전과 비슷한 상황이 되었으나, 도시개발을 위해 호수 면적은 줄이는 대신 저수량은 늘려야 했다.[33] 그렇기 때문에 호수 전체를 빙 둘러서 위쪽으로는 일종의 축대 형식의 토목 구조물이 들어서야 했고, 좌우로는 방죽이 연장되

33) 저수량을 확보해야 한다는 주문은 호수의 물을 농업용수로 사용하였던 인근 농민들의 반발을 무마하기 위한 것이었다. 이를 위해 호수의 거의 전면에 걸쳐 준설작업이 이루어졌다.

는 구조물이 세워져야 했다. 이는 방죽의 높이를 기준으로 물의 유입량에 따라 자연스럽게 형성되는 수면을 인공적으로 조정하는 과정에서 필연적으로 요구되는 것이었다. 따라서 과거의 부정형에 가까운 모습과는 확연히 구분되는 활 모양에 가까운 인공적 평면을 갖는 호수가 만들어졌다.

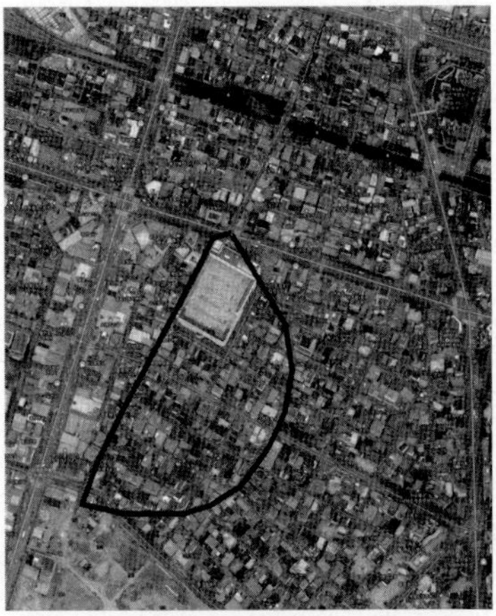

〈그림 5〉 현재의 경양로 주변 모습[34)]
검은 선은 현재 도로로 쓰이는
1차 매립 이후의 경양호 둘레

〈그림 6〉 1차 매립 계획 당시의 도면[35)]

---

34) 다음지도, 2019년 6월 22일, http://map.daum.net. 매립 이후 도로가 나고, 경양방죽 둘레길로 유지되어 과거의 모습이 남아 있기 때문에 이를 매립 이전 모습으로 보아도 좋을 정도이다.

35) 광주광역시립민속박물관, 앞의 책, 2018, 70쪽. 이 그림은 해당 도면을 현재의 도로 방향에 맞추어 수정한 것이다.

초창기의 경양방죽은 최대한 자연 지형을 그대로 이용하여 만들어졌기 때문에 야트막한 비탈에 해당하는 남쪽지역, 즉 무등산 산록에 해당하는 지역과 방죽이 있는 지점과의 수위 차이가 컸다. 그러므로 방죽 주변을 매립하는 것은 비용이나 시간적 측면에서 그다지 효과적이지 못한 방식이 될 수 있었다. 따라서 경양호의 규모를 줄이는 작업은 주로 지대가 높은 방죽의 남쪽 지역에서 진행되었으며, 준설 작업도 병행되었다. 그 때문에 방죽 근처는 여전히 조선 이래의 원형을 상당 부분 유지하는 것이 가능했다.

아울러 18,832평 규모의 호수 주변에는 시민들을 위한 공원이 일부 조성되었다.[36] 과거 경양호의 경관을 형성했던 주요한 요소였던 경호대는 사라졌지만, 이를 대체하는 근대적 공원 시설이 주변에 설치되었기 때문에 경양호는 과거보다 더 많은 이들의 방문을 받는 광주의 중요한 근린 공원 시설이 되었다. 따라서 경양호의 1차 매립은 호수의 성격 변화를 동반하는 동시에 이를 둘러싼 근대적 공원으로의 재탄생을 불러온 획기가 되었다고 할 수 있다.[37]

---

36) 일제는 이 면적 전부에 대하여 공유수면 점용을 허가했다(광주광역시립민속박물관, 앞의 책, 73쪽). 그에 따라 보트장 설치 등이 가능했던 것으로 보인다.

37) 경양호의 이용 상황 등을 고려하여 일제는 1943년 이곳에 종합연성장 건립을 기획하였다(광주광역시립민속박물관, 앞의 책, 76쪽). 그 내용에는 광장, 보트장, 정박지, 녹지, 아동연성장 등이 포함되는 것이었다. 다만, 이 계획이 그대로 진행되려면 그나마 남아 있던 호수의 일부를 더 매립해야 했을 것이다.

이러한 변화는 과거 경양호의 기능이 농수 공급이나 홍수 조절과 같은 수자원 관리에 한정되어 있을 때와는 확연히 달라진 것이라 할 수 있다. 이처럼 전근대의 저수지가 근대적 공원으로 탈바꿈하여 보여준 변화는 매우 컸다. 과거 일부 식자층이 경호대와 같은 주변 정자에서 풍경을 완상하던 것에서, 이제는 호수를 공원화하여 누구나 이를 적극적으로 이용하는 것이 일반화되었다. 이러한 상황은 그 배경이 되는 시대의 변화와도 함께 공명한 것이라 할 수 있다. 그러나 이것이 그 시대를 살았던 이들에게 수동적으로 주어진 것은 아니다.

중요한 것은 이러한 변화가 일제 식민 경영자들의 일방적인 계획에 광주시민들이 적극적으로 저항하여 얻어낸 '과실'이라는 점이다. 만약 일제의 매립 계획이 원안대로 진행되었다면, 경양호는 오늘날 그저 역사 기록 속에 존재하는 관념적인 대상에 불과한 것이 되었을지도 모른다. 1931년 만주침략 이래로 대외 침략에 매진하는 가운데, 강화된 압제에도 불구하고 광주 시민들은 일제의 독단적 계획에 저항하였고, 이를 통해 계획의 수정과 경양호의 존치를 얻어낼 수 있었다.

이러한 과정을 거친 이후, 광주의 도심 풍경과 어울려 이를 추억하는 많은 시민들의 추억 속에 존재하는 경양호의 모습이 만들어졌고, 그렇게 경양방죽과 호수는 광주시민들에게 경험되고 소비될 수 있었다. 그리고 이는 연인들이 한가롭게 보트를 타거나, 학생들의 소풍 장소, 주변에 들어선 골프장 및 체육시설 이용에 대한 경험, 도심의 낚시터, 겨울의 스케이트장 등으로 기억되고 있다. 규모의 축소에도 불구하고, 경양호의 기능적 변화는 결코 무시하거나 과소평가할 수 없는 것이었다.

한편, 전라남도의 중심 도시로서 광주의 기능은 계속해서 강화되어갔고, 시의 인구는 이주 일본인 숫자 증가에 압박을 받던 1930년대와는 차원이 다를 정도로 확대되기 시작했다. 1936년 말 조사된 광주부 인구는 64,169명이었으나, 이 숫자는 불과 30년 사이에 37만으로 폭발했다. 1967년의 인구를 15만 정도로 추정했던 일제의 판단과는 달리 광주의 도시화는 매우 빠른 속도로 진행되고 있었다. 그리고 이러한 변화는 경양호를 둘러싼 풍경과 위정자들의 태도 변화를 불러오게 되었다.

경양호 주변에도 점차 도심이 확장하기 시작했으며, 이를 위해 농지의 규모는 감소하였다. 아울러 도시 확장의 결과로 경양호로 들어가던 수로의 일부가 조정되면서, 유입량이 감소하게 된다. 저수량의 부족에도 불구하고 주변에 늘어난 가옥들로 인하여 호수로 유입되는 오폐수와 폐기물의 양은 증가하였다. 그리하여 1960년대, 경양호에 대한 또 다른 매립 압박이 현실화되었다.

앞서 언급한 바와 같이 1936년 계획된 광주의 도시계획은 30년 뒤인 1967년의 예상 인구를 15만으로 추정하였다. 그러나 실제 1967년 시점의 광주 인구는 무려 37만에 달하고 있었다. 그에 따라 도심 역시 크게 확장되었는데, 광주시의 도심은 1930년대의 계획 면적에 비해 7배 정도로 확장되었다. 이러한 변화는 산업 개발, 군 비행장과 상무대 설치 등에 의해 가속화되었다. 이 시기에는 도시의 개발 축이 동-서 방향으로 크게 확장되고 있었다. 그에 따라 1960년대 들어 새로운 도시 계획의 필요성이 대두되었다.

〈그림 7〉 1960년대 초반 경양호의 전경과 일부 확대 사진(©강봉규, 국립아시아문화전당 제공). 호수 둘레로는 무허가 판잣집 등이 들어서 있으며, 입수구 쪽에는 퇴적물이 쌓여있다.

이러한 도시 확장에 따른 압박에 의해 1967년 광주시는 새로운 도시계획을 수립하였다.[38] 그것은 오늘날 광주역을 중심으로 하는 새로운 시가지를 계획하고, 그 중심에 제1차 순환도로 계획에 따라 태봉산과 경양호 옆을 가로지르는 주도로를 완성하는 것이었다. 여기에는 태봉산이 자연적인 제한 요인이 되며, 막대한 경비는 경제적 부담감이 되는 것이었다. 이에 따라 광주시는 태봉산의 토사로 경양호를 매워 이를 택지로 분양하고, 그 일부에 광주시 청사를 건립하는 등의 계획을 세운다.[39] 그리고 택지 개발의 이익은 도시계획에 일정 부분 다시 투자될 것이 고려되었다.

태봉산을 깎아 경양호를 매우는 계획이 발표되었으나, 일제강점기 때와는 달리 광주시민 사이에서 이에 대한 적극적인 저항은 나타나지 않았다. 물론, 그에 대한 저항이 전혀 없었던 것은 아니다. 당시 원로 활동가였던 서동복, 진보당의 간사를 지낸 바 있는 임춘호, 화가이자 교수였던 오지호, 독립운동가이자 한의학자였던 변극 등이 경양방죽의 매립 반대 운동을 일으켰다. 하지만, 경양방죽 주변의 농민들을 제외하면 그에

38) 이의 기반이 된 「도시계획법」이 1962년 제정·공포되었는데, 이는 일제강점기 때에 진행된 계획과 여러모로 매우 유사했다. 이 법의 각 도시별 세부 시행에 해당하는 계획들 역시 그와 유사한 상황이었는데, 1939년 발행된 「光州市街地計劃平面圖」과 오늘날의 광주 도심 구조를 비교해보면 이를 확인할 수 있다. 1967년의 계획이 일제깅점기 당시의 계획을 그대로 재실현하는 것이었던 것과는 달리, 1975년의 '도시계획재정비'는 이러한 한계들을 극복하기 위한 보다 새로운 계획이라 할 수 있었다.

39) 상기 서술은 양충조 편, 위의 책, 2014, 15~19쪽 참고.

대해 우호적인 반응을 기대하기는 힘들었다. 그러나 농민들도 논을 매립하여 대지를 만든다는 이야기에 매립 찬성으로 돌아섰다고 한다.[40)]

이처럼 2차 매립에 대한 시민들의 반응은 1차 때와는 차이가 있었다. 그것은 그 사이 경양호의 성격이 변화하고, 수질의 악화로 인하여 민원의 대상이 되는 등, 그 위상에 변화가 있었기 때문이었다. 아울러 막대한 외부 인구의 유입은 광주의 옛 경관에 대한 '지역적 자긍심' 등에도 온도 차이를 갖게 하였을 것이다. 무엇보다 이 시점의 경양호는 경호라는 옛 이름과는 다른 모습을 갖게 되었으며, 그 때문에 시민들이 자주 찾던 유원지의 모습은 점차 희미해져가고 있었다.

도시의 확장과 인구의 증가는 경양호 인근 지역에서도 활발히 진행되었다. 경양호를 일부 매립하고 들어선 일제강점기 이래의 건물 이외에도 종래에 논밭뿐이던 주변 지역이 택지 지역으로 변모하여 주택들이 발 디딜 틈도 없이 들어선 1964년의 항공사진은 그런 모습을 여과 없이 그대로 보여준다.[41)] 이러한 변화는 다수의 생활쓰레기와 오물의 발생을 불러왔는데, 이의 가장 편리한 처리 방법 중의 하나는 물을 이용하여 이를 해결하는 것이었다. 따라서 경양호가 직접적인 투기 지점이 되지는 않았겠지만,[42)] 그로 유입되는 동계천의 경우는

40) 상기의 서술은 양충조 편, 위의 책, 2014, 222~224쪽.

41) 「반달 같은 광주의 바이칼」, 『全南日報』, 1964년 1월 8일자 기사.

42) 경양호에는 쓰레기보다는 사산아나 시체 투기와 같은 일이 더 심각했던

심각할 정도로 많은 생활 폐기물을 경양호로 흘려보냈을 것으로 추정된다.

1960년대에 들어서면, 물이 탁해지고 냄새가 심해 생구역질이 난다고 할[43] 정도로 경양호의 수질은 매우 악화된다. 또한 한국 전쟁 이후로 사실상 주인이 없는 경양호의 방죽과 그 주변에는 다양한 판자집 등이 형성되었다.[44] 이러한 변화는 경양호에 대한 정비나 특단의 대책이 요구되는 상황을 불러왔다. 한편, 경양호의 물을 관개용수로 사용하던 주변의 몽리답들이 주거 지역으로 개발되거나 새로운 용수원을 찾게 되면서 경양호의 농업적 활용성은 이제 더 이상 거론하기 힘든 상황이 되었다.[45] 이러한 변화는 도심 주변의 근린 호수 공원으로 자리매김했던 경양호에 심각한 위기가 대두하였다는 것을 의미한다.

것으로 보인다. 주변으로 인구가 밀집하고, 수심이 낮았던 동계천에는 이러한 것들을 투기하기 어려웠기 때문에, 경양호가 투기 장소가 되었던 것으로 보인다. 당시 상황은 주민들에게는 매우 인상적인 기억이었을 것이고, 이에 대한 진술이 이후 여러 주민들에게서 채록된 바 있다(광주광역시립민속박물관, 앞의 책, 2018, 186~190쪽).

43) 『全南日報』, 1964년 1월 8일자 앞의 기사.

44) 이를 광주시민들은 넝마주이가 사는 집으로 여겼던 듯하다. 이에 대한 다수의 진술이 채록된 바 있다(광주광역시립민속박물관, 앞의 책, 2018, 172~175쪽).

45) 경양호는 깊은 호수가 아니었고, 수량에도 한계가 있었다. 그 때문에 아래쪽에 위치한 논에 물을 댄 이후에는 깊은 곳에만 물이 겨우 남아 있는 정도였다고 한다(광주광역시립민속박물관, 앞의 책, 2018, 156쪽). 이 구술 내용과 비슷한 풍경이 이경모의 1946년 작 사진으로도 남아 있다(광주광역시립민속박물관, 앞의 책, 2018, 8쪽).

경양호와 그 주변을 둘러싼 환경의 변화는 경양호에 대한 시민들의 인식 변화도 불러왔다. 악취와 쓰레기, 오물이 가득한 호수는 더 이상 광주를 대표하는 '대표 이미지'로서의 기능을 가질 수 없었다.[46] 더불어 주변에 들어선 판잣집과 온갖 쓰레기가 주변에 쌓여가는 환경 등은 시민의 원활한 접근을 막는 요소가 되기도 했다.[47] 일제강점기 때까지 맑고 깨끗했던 경양호의 물도 해방 이후 어느 시점 이후에는 수변 공원으로의 활용이 불가능할 정도가 되어버렸다.[48] 광주의 자랑이, 어느덧 광주의 골칫거리가 되어버린 상황이 된 것이다. 경양호에 대한 호의적이지 않은 상황 속에 개선보다는 '해소'에 대한 해결책이 준비되었고, 그것이 1967년에 결국 실행된다.

1967년의 도시 계획에서 광주시민들이 아쉬워한 것은 골치덩이가 되어버린 경양호보다는 오히려 태봉이 사라지는 것이었는지도 모른다. 조선 후기까지 광주시를 표현한 대부분의 회화식 지도에서 경양호와 더불어 광주를 상징하는 대표적인

46) 당시 지식인 집단 일부는 이를 매립에 대한 구실을 만들기 위한 방치로 읽는 경우도 있었던 것으로 보인다. 택지 개발 이전에 운동장 설치 등이 고려되었다가 실패하였기 때문에, 사실상 10여 년간 방치에 가깝게 관리가 소홀했다는 것이다(『全南日報』, 1964년 1월 8일자 앞의 기사).

47) 경양호 주변의 판자촌은 공동의 화장실 등도 구비하지 못하였을 정도로 열악했으며, 경양방죽 옆 길은 그로 인한 오물과 악취, 판자촌 주민 등으로 인하여 광주시민들이 지나가기를 주저할 정도의 공간이 되었다고 한다(이병용 교수 진술, 2018년 6월 23일). 이외에도 넝마주이와 나환자 등도 그 지역에 살았다고 하며, 이 때문에 경양방죽 길은 위험한 길로 인식되고는 했다.

48) 광주광역시립민속박물관, 앞의책, 2018, 156~158쪽.

이미지였던 것이 태봉이었다. 조선 중기 왕자의 태를 묻은 태봉은 그와 연관된 다양한 전승들을 갖고 있었으며, 당시 경험에 대한 채록 내용도 오히려 경양호에 비해 더 다양한 편이다.[49] 특히 여의주 상실과 관련된 전승은 이후 광주가 겪게 되는 현대사에서의 시련과 맞물려, 태봉의 상실에 대한 시민들의 아쉬움이 광범위한 집단 경험을 형성하고 있음을 보여주는 예에 해당한다.[50]

---

49) 종래에는 고려 왕자의 태를 묻은 곳으로 알려졌었고, 『1872년 지방도』 등 일부 조선 후기 회화식 지도에도 그렇게 표기된 바 있었다. 하지만, 1928년 태봉 정상에 대한 조사가 있었고, 이때 확인된 자료를 통해, 태봉산이 인조와 장렬왕후의 4남 용성대군(龍城大君) 이곤(李滾)의 태를 묻은 태봉임이 확인되었다. 당시 조사된 태봉 시설은 현재 광주광역시립민속박물관 야외로 옮겨져 전시 중이며, 태를 보관하던 태항아리 등은 조선총독부박물관과 국립중앙박물관을 거쳐 현재는 국립광주박물관(임시이관)에서 소장하고 있다.

50) "조대 뒷산이 용이여 용. 용이고 그 여의주 구슬이여 태봉이 … 태봉이란 것은 동그래 갖고, 풍수지리학적으로 여 조대 용이여, 용의 구슬이여, 여의주 구슬"(기회문 구술), "태봉산을 떨어갖고 … 업주가 가부렀다고 그래, 죽어부렀다고 … 죄를 받아서 그랬다 … 또 이 태봉산을 떨면 이 광주가 불바다가 한 번 될 것이다. 그런 전설이 … 아 그래갖고, 그 5·18인가 와가지고 그랬잖습니까?"(정병태 구술), "(뱀에 물려 태봉산 현장에서 일하던) 포크레인 기사가 죽고, 태봉산이 용의 여의주였네 … 무등산을 용으로 보고, 거기가 태봉산 그것이 여의주였는데. 거기를 그때 밀어부러갖고…."(박기운 구술), "우리나라가 태봉산하고 무등산하고 마주 보고 있어야 큰 인물이 나오는데 태봉산을 깎아가지고 광주에서 큰 인물이 안 나온다고 들었어."(박준자 구술), "옛날에 태봉산 밀다가 밀지 말라고 꿈에 나와서 며칠 연기하라고 했는데 밀어 븐께 큰 구렁이가 몇 동가리로 갈라져갖고 기사가 죽어브렀어"(손연호 구술). 광주광역시립민속박물관, 앞의 책, 2018, 244~251쪽. 상기와 같이 태봉산에 관한 기억은 광주의 풍수지리와 연관되어 매우 중요한 의미와 가치를 지니는 것으로 인식되고 있었던 듯하다. 그러나 경양방죽에 대해서는 이와 같은 적극적 의미 부여가 확인되지 않는다.

Ⅳ. 완전 매립과 도심의 변화

1967년에 진행된 경양호의 매립은 급격한 변화의 시기에 이루어진 새로운 경제개발의 모토에 부응하는 것이기도 했다.[51] 관련 소식을 전하는 기사에는 미래의 장밋빛 전망과 새로운 도시계획으로 변화될 광주의 미래 모습에 대한 기대감으로 가득 차 있다. 그리고 이러한 태도는 당시의 일반 시민들에게도 그대로 전달되어 공유되었을 가능성이 높다. 그들이 떠올린 변화의 이미지에는 태봉산을 없애고 확보된 부지에 들어설 새로운 광주역, 그 앞에서 방사형으로 뻗어나가는 도로의 기축이 되는 새로운 도로, 그리고 경양호의 매립 부지 위에 들어서서 도시의 새로운 변화를 주도하게 될 새로운 시청사가 포함되어 있었다.

앞서 언급한 바와 같이 광주의 외적 팽창은 1937년 단계의 전망인 15만 명을 크게 벗어났다. 1955년 233,358명으로 이 숫자를 훌쩍 뛰어넘은 이후 불과 4년만인 1959년에는 30만을 돌파했다.[52] 도시는 만성적인 주거 부족과 밀집한 인구로 인한 문제점에 봉착하고 있었다. 이는 당시의 시민들에게는 피부로 와 닿는 어려움이기도 했다. 하지만, 일제강점기 이후로

---

51) 당시 광주 시장이었던 노인환(盧麟煥, 재임 1963~1968년)은 1965년 시정계획에서 이미 도시계획재정비를 언급한 바 있었다(盧麟煥, 「行政公約 全羅南道篇 - 光州市」, 地方行政 14, 1965, 63쪽).

52) 광주광역시, 『광주도시계획사』, 2017, 158쪽.

광주는 종합적인 도시계획을 세우지 못하고 있었다. 그러는 사이 도시의 인구는 1965년 37만 명을 돌파했다.[53] 따라서 도심 재정비는 피할 수 없는 숙명이기도 했다.

광주시는 1964년 「광주도시계획자료도집」을 완성하고, 1965년과 1966년 이를 기반으로 하여 중앙정부를 설득했다. 그리하여 1967년부터 진행될 '광주도시계획재정비'를 승인받게 된다. 이 계획은 1967년 2월 고시되는데, 1983년까지의 도시 계획으로 인구 70만을 목표로 진행되었다.[54] 그리고 그 계획 안에 태봉 일대의 개발과 경양방죽의 매립이 포함되어 있었다. 이 계획은 1967년에 시행될 예정이었지만, 태봉과 경양호를 포함하는 지역에 대한 재정비 모습은 1939년 일제가 작성한 〈광주시가지계획평면도〉와 유사하다.

두 계획은 모두 경양방죽과 태봉을 도심 발달의 장애로 인식하는 태도를 가지고 있었다. 따라서 지금까지 광주의 자랑이던 두 공간이 새로운 계획 내에서 남겨질 가능성은 거의 없었다. 그리하여 일부 시민 운동가와 농민의 저항은 있었지만, 경양호는 매워질 수밖에 없었다. 당시는 경양호 아래의 토지 대부분이 도시 계획 범위 내에 포함되어 개발되는 상황이었기 때문에, 그 가치는 호수공원에 한정될 수밖에 없었다. 무엇보다 개발이 시급하고 우선되던 시점이었으므로 시민들 역시 보존에 동조하기는 어려운 상황이었을 것이다. 태봉의 운명도

53) 광주광역시, 앞의 책, 2017, 189쪽.
54) 광주광역시, 앞의 책, 2017, 190쪽.

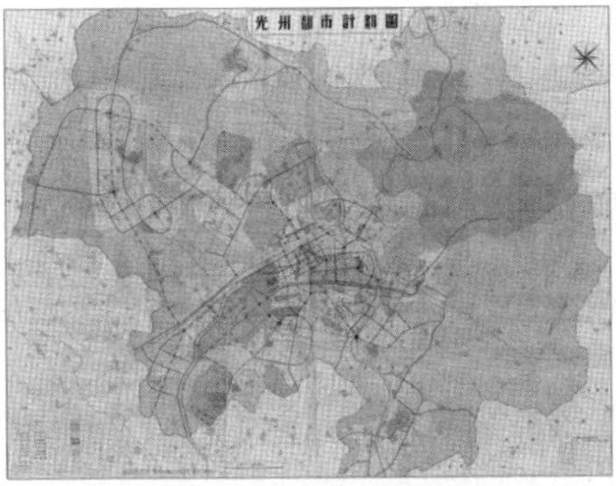

1967년 〈광주도시계획도〉

1967년 지도의 도심 지역 확대

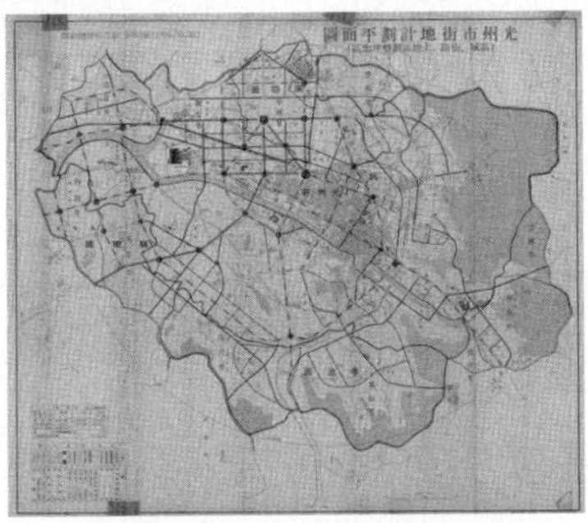

1939년 〈광주시가지계획평면도〉

〈그림 8〉 광주도시계획도. 1967년의 도시 계획은 1937년 이래로 확정된 일제강점기의 계획을 거의 그대로 수용하고 있음을 알 수 있다.

경양호와 같은 길을 걷게 된다.

경양방죽은 자연 지형을 최대한 그대로 이용하여 축조되었을 가능성이 높다. 그러나 한편으로는 저수량을 높이기 위해 일부 지역에 대해서는 준설 등의 작업이 진행되었을 가능성도 있다.[55] 주변에 뚜렷한 돌출 산지 등이 보이지 않는 가운데 조

55) 정약용은 경양호가 근래 지방관의 무관심으로 인하여 매몰되었다고 하였는데(『牧民心書』, 10綱 工典六條, 川澤), 이는 호수 바닥에 대한 준설이 이

성된 경호대 등을 그러한 준설 결과물로 보는 시각이 있다. 1937년 1차 매립 이후의 의 수위는 무등산이 있는 방향인 남쪽에서 얕고, 방죽이 있는 지점에서는 높았을 것으로 추정된다.

방죽 인근의 수위에 대한 정보는 광주시청사 건립 과정[56]에서 어느 정도 확인된 바 있는데, 자연 암반층에 도달하기 위해 8~9미터에 달하는 파일을 박았다고 한다. 따라서 적어도 그 지점에 대해서는 그 정도 높이의 매립이 있었고, 이것은 해당 지점에서의 수심을 어느 정도 짐작하게 해준다. 일부 깎여 나간 방죽의 높이를 고려하면 그 수심은 10미터 이상을 상회하는 것이 되었을 가능성이 있는 것이다. 아울러 이는 기존 지형의 비탈면을 그대로 살리는 것보다는 평탄화하는 것을 목표로 삼았다. 따라서 그에 소요되는 토사는 상당한 수준이었다.

당시의 광주처럼 도로도 발달하지 못했고, 주변에 마땅한 채석 장소도 확보하기 힘든 상황에서 토사를 먼 지역에서 운반해오는 것은 매우 힘든 일이었다. 이때에 계획을 진행한 이들이 눈여겨 볼 수밖에 없었던 것이 바로 태봉산이었다.[57] 해발고도 50미터 내외의 태봉산은 시가지를 확대하기 위해서는

루어지지 않는 등의 관리 소홀을 언급한 것으로 보인다. 아울러 1937년의 매립 계획에도 일부 준설 계획이 포함되어 시공되었다.

56) 광주시의 시청사는 1968년 7월 10일 광주시 청사 위치변경 조례를 공포한 뒤, 1968년 9월 경양호의 매립지에 새 청사를 짓기 시작하여, 1969년 10월 안공되었디(양충조 편, 위의 책, 2011, 28쪽).

57) 한편으로, 태봉산은 경양호와 함께 일제강점기 1939년의 계획 단계에서도 앞으로 없애야 하는 방해물로 여겨지기도 했다. 태봉산은 1939년 작성된 「光州市街地計劃平面圖」에도 삭제된 것으로 나타나기 때문이다.

없애버리는 편이 유리했고, 마침 경양호 매립이라는 중요한 사용처도 확보되었기 때문에 일석이조의 상황이라 할 수 있었다. 그러나 이는 기능적인 시각에서의 단순 접근이었을 뿐, 결과적으로는 하나의 개발 계획으로 광주를 상징하던 요소 두 가지를 모두 없애버리는 극단적인 선택이 되고 말았다.

1967년 수립된 광주 도시계획에서 가장 중요한 지점은 오늘날의 광주역을 포함한 동서 방향으로의 대로와 그로부터 서남쪽으로 뻗어나가는 방사선 도로망의 건설이었다. 이 지점은 당시의 도시계획에서 제1지구로 정해졌고, 이 지역은 상당 기간 광주시의 중심 지역으로의 역할을 수행해왔다. 그 중심 지점에 태봉이 위치했기 때문에 이는 계획 단계에서부터 고민스러운 대상이었을 것이다. 또한 시민들의 반발도 경양호에 비해서 컸다. 광주시민들에 의해 여의주로 형상화되기도 했던 곳이니, 그에 대한 각별한 애정과 관심이 있었고, 이러한 관념은 적어도 수천 년 간 지속된 자연적 풍경 속에서 형성된 것이기도 했다.

당시는 개발의 시대이기도 했고, 독재의 시대이기도 했다. 관의 결정에 적극적인 반대를 표명하는 데에 있어 오늘날과 같은 자유가 보장된 시대가 아니었다. 따라서 시민들의 광범위한 반대 정서에도 불구하고, 태봉을 헐어 경양호를 매운다는 기본 계획의 골자는 변하지 않았고, 계획대로 진행되었다. 경양호를 매워 확보된 2만평 가까운 부지에는 새로운 광주시청사와 택지가 조성되었다. 그리고 태봉산을 헐어 확보된 공간은 광주역 인근의 넓고 개방된 공간을 형성하게 되어, 이후 도시 발달의 중심축이 되었다.

경양호를 매워 택지로 분양하여 확보된 자금은 광주역을 가로지르는 철도와 평행하는 대로의 공사대금으로 일부 쓰였고, 이는 철도와 함께 광주 발전의 중심축을 이루는 중심 도로가 되었다.[58] 아울러 경양호의 매립과 함께 인근의 판자촌 등이 철거되었고, 이는 태봉산 인근에 마구잡이로 들어선 판자촌들도 마찬가지인 상황이었다. 이렇게 하여 갈 곳이 없어진 거주민의 일부는 무등산 인근에 깃들게 된다. 그리고 이렇게 경양호 주변에서 쫓겨난 이들의 상황은 이후로도 나아지지 않는다.

경양호를 둘러싼 방죽이 해체됨으로써 과거 광주 읍성의 성곽 자리와 같은 공간이 확보되었고, 이는 그대로 도로로 전용되었다. 이렇게 하여 2차 매립 때의 경양호 위치에는 매립 이전 호수의 규모와 모습을 그대로 엿볼 수 있는 도로가 생겨났다. 그리고 그 선을 연장한 범위 내의 면적은 현재에도 대략 2만평 안쪽의 1940년 이래의 경양호 면적을 그대로 유지하고 있다. 또한, 매립을 통해 확보된 공간 중에는 광주의 새로운 30년 시정의 중심지가 된 시청가 부지가 포함되어 있었다.[59]

---

58) 당시 매립 대지의 매각 금액은 1억 2,800여 만원이고, 공사비는 5,100여 만원, 차액은 7,700여 만원정도였다(광주광역시립민속박물관, 앞의 책, 2018, 118쪽). 여기에는 전체 면적의 1/6 성도로 매각하지 않고 시 청사 부지로 확보한 면적 등은 포함되지 않았다.

59) 시청사 부지는 3,745평으로 청사는 총 건평 1,100평 지상 3층 지하 1층으로 건축되었다(광주광역시, 위의 책, 2017, 199쪽). 이 청사는 1969년부터

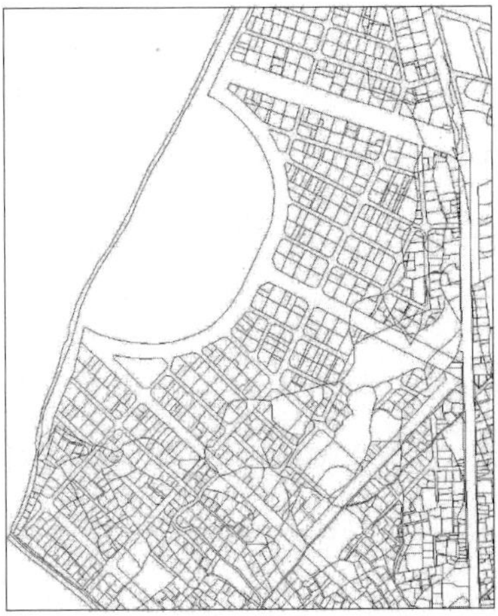

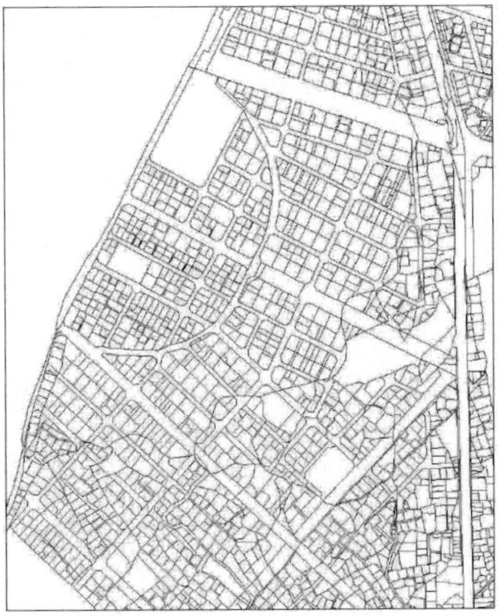

〈그림 9〉 경양호의 2차 매립 전후의 모습.[60] 왼쪽 1945년, 오른쪽 1975년. 경양호는 왼쪽 상단에 위치한 반원형의 구조물로 나타나며, 그 둘레에는 오늘날 경양로가 지나고 있다. 경양로 외부에 자리한 부정형의 선은 1차 매립 이전의 경양호 범위이다.

경양호의 매립과 시청사의 이전, 그리고 같은 시기에 진행된 광주역의 중흥동 이전과 금남로 확장 등을 통해 오늘날의 광주시내권의 모습이 이 시기에 완성된다. 이러한 모습은 광주 중심가 이외의 공간들이 적극적으로 개발되기 이전인 1990년대 이전까지 대체로 큰 변화 없이 유지되었다. 아울러 경양호의 매립 이후 들어선 광주시청사의 존재로 인해 이 일대는

2004년까지 이용되었으며, 현재는 같은 자리에 홈플러스가 건물을 신축하여 입주하였다.

60) 광주광역시, 위의 책, 2017, 199쪽. 반원형의 경양호 부지 상단의 넓은 사각형의 필지가 시청사가 자리했던 곳이다.

광주시 행정의 중심지로서 주목받는 공간이 된다. 이처럼 1967년 시행된 '광주도시계획재정비'는 과거 경양호와 태봉이 있었던 공간을 광주 도심 발전의 중심축으로 삼아 진행되었지만, 이는 이 두 경관 요소에 대한 망각을 기반으로 하여 추진될 수밖에 없었다.

위의 도면에서 확인되는 바와 같이 현재 이 길은 경양방죽 둘레길로 개발되어, 그와 연관된 갖가지 이야기들과 함께 전유되고 있다. 그리고 경양호 인근에서 살던 이들에게 있어 그와 관련된 여러 가지 추억들은 아직도 여전히 생명력을 가진 채 지속되고 있다.[61] 무려 52년 전의 상황임에도 그에 대한 향유와 상실의 기억이 여전히 생명력을 갖고 있다는 점은 현 시점에서 매우 의미심장한 일이 아닐 수 없다. 아울러 오늘날 광주는 구도심의 재정비와 녹지 및 수변 공간의 확보 등이 주요한 이슈로 떠오르고 있다.[62] 시민들의 옛 향수를 자극하는 경양호의 존재는 매우 고무적이다. 다음 장에서는 이를 도심 재개발, 지속가능한 도시발전 등의 주제와 연관시켜 검토해보도록 하겠다.

---

61) 광주광역시 동구 계림 1동의 주민들은 자체적으로 '추억이 깃든 경양마을 만들기 주민협의회'를 구성하고 경양호와 관련된 자료와 생존 주민들의 전승 등을 채록하여 자료집 등을 계속하여 편찬하고 있다.

62) 광주광역시, 『2030년 광주도시기본계획』, 2017, 56쪽. 광주광역시는 이 계획의 '지속가능한 도시재생' 부분에서 도심정원 및 도심녹지축 조성, 수변공간 복원 등을 세부 이행 과제로 제시한 바 있다.

V. 21세기 구도심 활용과 경양호

과거 경양호가 위치했던 곳은 1937년~1940년, 그리고 1967~1969년 두 차례의 대규모 개발로 오늘날의 모습이 되었다. 1차에 해당하는 지역이나 2차에 해당하는 지역이나 모두 현재의 광주광역시를 기준으로 했을 때에는 저개발되고, 낙후되었으며, 시급한 재정비가 필요한 공간이 되었다. 오늘날에는 도심 재개발의 화두로 지속가능성과 도심 녹지의 확보 등이 대두되고 있다. 광주의 경우 경양호와 태봉의 복원 등이 일찍이 그 대상으로 거론된 바 있다. 이 장에서는 경양호의 옛 부지의 구도심을 광주의 구도심에 대한 정비·개발의 측면에서 검토해 보도록 하겠다.

광주광역시 청사가 상무 지구의 새 청사로 이전하면서, 옛 청사 자리에는 홈플러스가 들어섰으며, 최근에는 1차 매립 지역에 해당하는 일부 지역이 계림8구역으로 지정되어 재개발이 진행 중이기도 하다.[63] 그럼에도 불구하고 광주시민들이 기억하는 경양호의 상당 부분은 현재도 그대로 남아 있다. 1차 매립 이전이 모습은 일부 일제강점기 지도 이외에는 남아 있지 않지만, 2차 매립 이전의 경양호는 시민 다수의 기억 속에 오

63) 계림동 인근에서 정비구역으로 지정되어 개발이 진행되는 곳에는 이밖에도, 계림1구역(계림동 287-5번지 일대), 계림3구역(계림동 301번지 일대), 계림4구역(계림동 125번지 일대), 계림5-2구역(계림동 10-1번지 일대), 계림5-3구역(계림동 호남시장 일대), 계림7구역(계림동 193번지 일대) 등이 있다(광주광역시, 『2020년 광주도시관리계획 재정비』, 2012, 346~347쪽).

늘날도 살아 있다. 따라서 옛 시청사 자리에 들어선 홈플러스 문제만 해결된다면, 경양호의 복원도 그렇게 어려운 문제는 아닐 것으로 보인다.

도심 공간의 단순한 재개발이 아닌 지속가능한 도시라는 아젠다와 공공녹지 확보 요구는 경양호 부지에 대한 적극적인 복원이나 재활용에 대한 관심도 증대시키고 있다. 광주광역시에서는 현재 계림동 지역에 대한 적극적인 마을 재생, 공동체 사업 등이 진행 중이다. 그에 따라 이와 관련한 스토리텔링, 자료집 출간 등의 활동도 적극적으로 이루어지고 있다. 하지만, 아직 가시적인 성과를 얻었다고 보기 힘든 상황으로 보인다. 한편으로 이러한 작업은 그 한계가 명확한 것이기도 하다. 1차 매립지에 해당하는 지역에서 진행되는 재개발사업에 비해 낙후된 이들 지역을 그대로 존속시키는 것은 주민의 동의를 얻기 힘든 상황이기 때문이다.

경양방죽은 인공의 제방이었고, 그들의 추억 속에 위치한 경양호는 그렇게 만들어진 인공호수였다. 맑은 물과 방죽 주변의 푸른 숲을 기억하는 방식으로 오래된 흑백 사진 및 그와 연관된 스토리텔링의 일방적 제시는 힘을 얻기 힘들어 보인다. 주민들의 적극적인 노력에도 불구하고 가시적 효과가 미미한 것에는 '실물'이 부재하는 한계가 일정 부분 자리하는 것으로 볼 수 있다. 어느 정도 높이의 항공사진과 같은 시각이 아닌 이상, 현재의 계림동 일대에서 옛 방죽의 형상을 떠올리기는 어렵다. 그리고 그것이 가능하다고 해도 단순한 도로의 연장선 이상의 의미를 얻기는 힘들다.

현 시점에서 한 가지 다행인 점은 적어도 2차 경양호 매립 영역의 상당 부분은 현재도 옛 형태로 그대로 남아 있고, 그에 대한 적극적인 재개발은 적어도 홈플러스를 제외하면 아직 구체화되지 않았다는 점이다. 따라서 광주광역시 차원에서 현 시점에 일부 확보 가능한 재원을 투입하는 방식을 동원해서 일부 지역의 호수를 재현하는 사업을 시도해볼 수도 있다. 현재 계림동 일대는 주변에 빼곡히 건축물들이 자리 잡았고, 뚜렷한 도심 내 공원 등이 확보되지 않아 주민 생활의 질과 만족도가 낮은 편이라 할 수 있다.

광주광역시 차원에서 이 지역의 토지 일부를 사들이고, 거기에 옛 모습 그대로는 아니겠지만 그를 기념하여 이름을 이어받은 작은 규모의 호수 공원 등을 기획하는 방법도 있을 것 같다.[64] 옛 시청사 자리에 들어선 홈플러스 건물 때문에 완전한 복원은 어려운 일이 될 것으로 보인다. 그에 비해 규모를 줄이는 방안은 현실적인 대안이 될 수 있을 것 같다. 또한 이 지역 주변은 현재 여러 택지 지구가 재개발 지역으로 확정되어 관련 사업이 진행 중이다. 새로이 형성되는 도심의 풍경에도 녹지와 호수는 매우 의미 있는 주민 복지 시설이 될 수 있을 것이다.

---

64) 이에 대한 구체적 시도가 양충조 편, 위의 책, 2014, 137~147쪽에서 검토된 바 있다. 하지만, 이는 원형 복원을 기초로 한 것이라 비용적인 측면이나 이미 진행된 개발 사업의 진척 등을 고려할 때 현실성이 떨어진다.

경양방죽 부지 바로 인근에는 현재 경전선 폐선 부지를 활용한 푸른길이 지나고 있다. 홈플러스 외곽에서 푸른길까지의 거리는 대략 180미터 가량이며, 무등로에 직교하는 무등로 207번 길은 과거 1차 매립 이전의 경양호의 방죽(경양방죽) 자리이기도 하다. 경양호 부지를 중심으로 하여 호수와 수변 공원을 조성하고 이를 푸른길과 잇는 작업은 기존의 녹지축과 새롭게 복원될 경양호 공원을 연결하는 것으로 의미 있는 녹지 확보 계획이 될 수 있을 것이다. 아울러 경양호 부지 인근에 들어서는 고층 아파트 주민들을 위한 녹지 공간으로서 적극적인 의미를 부여할 수도 있을 것이다.

이러한 복원에 대한 관심과 더불어 보다 적극적인 자료 확보의 노력이 필요하다. 이 지역에는 적어도 수백 년 간 경양호를 중심으로 활동한 사람들의 흔적이 누적되어 있을 가능성이 매우 높다. 현재 계림 지구에서 진행되는 주택 재개발 사업에는 지표조사나 시굴 조사 등이 함께 진행된 예가 없다. 옛 방죽에 인접한 지역에 대한 조사라면 주택 한 채 정도의 규모에 대한 발굴만으로도 의미 있는 결과물들이 나올 가능성이 농후할 것 같다. 그러나 그런 작업들은 진행되지 못하고 있다.

발굴조사를 통해 노출된 지형은 기반암에서부터 시작하는 누적된 시간의 흐름을 보여줄 것이 분명하다. 이 지점은 호수가 존재했던 시기에 저습지 환경을 이루고 있었으므로, 그 이후에 채워진 매립토와는 명백히 구분될 수밖에 없다. 이런 옛 호수의 바닥에는 각종 유기물로 되어 있는 생활 흔적들도 그대로 남아 있을 가능성이 높다.[65] 이러한 유기물은 경양방죽의 역사와 관련된 오랜 의문들을 해결 할 수 있는 실마리를 제공할 가능성도 높다. 이는 초축에서부터 400년 이상 지속된 역사적 과정을 누층적으로 보여주는 상황으로 퇴적되었을 가능성이 높기 때문이다.

아울러 방죽의 하부 등에 대한 조사는 경양호의 축조 시점에 대한 정확한 정보를 제공할 것이다. 방죽의 토축 내에 섞인 목재를 비롯한 유기물은 절대연대 측정 자료로 쓰일 수 있으며, 이를 통해 경양방죽의 축조 시기와 관련된 문제들이 해결될 수 있을 것이다. 수백 년 간 저습지 환경을 이루었던 방죽 하부 지역에는 같은 기간 인근의 주민들의 생활상을 보여주는 다양한 자료들이 쌓여 있을 가능성이 높다. 이는 당시의 생활상에 대한 자료가 되면서, 동시에 경양방죽을 기념하는 전시 공간 등을 채울 수 있는 의미 있는 아이템이 될 것이다.

이를 위해서는 현재 구체적인 재개발 계획이 잡히지 않은 계림1동의 1940년대 이후의 경양방죽 자리에 대한 보존 계획, 개발 제한 등의 조치가 구체적으로 진행될 필요가 있다. 옛 시청 자리에는 이미 홈플러스가 기존 경양호의 하단부까지 굴착한 위로 지어졌기 때문에 그 부분까지를 포함하기는 어렵다. 따라서 조사는 옛 경양방죽 및 호수 지점까지 진행하고, 이를

65) 이러한 작업은 현재 터파기 공사 등이 진행 중인 재개발 지역 내에서 진행할 수도 있을 것 같다. 또한 거창한 발굴조사의 명복보다는 지질 조사 등의 명목으로 진행한다면 개발 주체의 부담감도 덜 수 있을 것으로 보인다.

기념하는 호수공원은 그 위에 현실적인 규모로 복원하는 방법이 있을 것이다. 아울러 이러한 작업은 과거의 경양호를 직접적으로 재현하는 목적이 아니라, 어디까지나 현실적인 생활여건의 개선 및 현 상황에서의 필요성에 호응하여 진행하는 편이 효과적일 듯하다.

어느 시점의 경양호도 '진짜'라 불릴 수 있는 청사진의 대상이 될 수는 없다. 대다수의 기억 속의 경양호는 1937~1940년의 매립 이후의 모습에 불과하며, 그 보다 더 오래 살아 두 호수를 모두 기억하는 이가 있다고 해도, 그 역시 조선 후기 이래로 초창 때와는 많이 달라진 모습의 호수일 뿐이기 때문이다. 따라서 이 시점에서 복원하려는 대상의 '원형성'에 대한 논의에 매몰될 필요는 없어 보인다. 설사 복원이 그대로 진행된다고 할지라도 이미 그것은 신축과 마찬가지의 현재성을 지니는 것에 가깝다. 우리 시대의 경양호는 그것이 어떠한 모습이든 그 구체적 실체와 현재의 시민들이 함께 공존하며 만들어가야 할 '21세기적 이미지'에 다름 아닐 것이기 때문이다.

Ⅵ. 나오며

경양호가 존재한 시기는 길게 보아 500년, 짧게 보아도 400여 년에 달하는 긴 시기였다. 이 기간은 오늘날 우리가 기록을 통해 재현하는 광주의 거의 모든 모습이 형성된 시점이기도

하다. 그리고 그 대부분의 기록 한 가운데 경양호가 자리하고 있다. 이는 이 인공 호수가 갖는 의미가 광주의 역사 진행에 있어 매우 의미심장한 것이었음을 드러내는 것이다. 그리고 이에 대한 지역민들의 '기억'이 보여주는 층위 역시 매우 다양하다. 본 논문에서는 그 여러 층위 중 우리 기억에 가장 가까운 근현대 시기를 일부 다루어 보았다.

짧은 지면과 저자의 게으름으로 인하여, 이 논문에서 다룬 경양호의 근현대 모습은 그 깊이와 폭의 한계가 분명하다. 향후 이에 대한 적극적인 보완을 통해 보다 깊은 심도 내에 자리한 경양호에 대한 논의와 기억의 층위들을 드러내고 제시할 필요가 있다. 아울러 이런 작업은 어느 한 사람의 제한적 역할에 의한 것이라기보다는 관련 분야 연구자들의 협업으로 진행되어야 할 필요성이 있다.

이는 단순히 경양호에 대한 역사적 기록을 새롭게 들추는 작업에 불과한 것이 아니다. 이러한 작업이 순조롭게 진행된다면, 이를 통해 광주의 시민들이 불과 수십여 년 전까지 갖고 있었고, 공유하고 있었던, 집단적 심성 근저에 위치한 경양호라는 역사적·감성적 존재를 드러낼 수 있을 것이다. 따라서 이에 대한 접근은 보다 다양한 시각과 분야에서 체계적으로 진행되어야 할 필요성이 있다.

경양호는 전통시대 농업용수의 확보라는 경제적 관점에서 축조된 인공 호수였지만, 그것이 수백 년의 역사적 공간을 흘러 지나는 동안, 점차 인문적 환경과 자연적 환경의 어느 한 지점에만 놓일 수는 없는 복합적 성격을 띠게 되었다. 수백 년간 지속된 항상적 존재는 그 자체가 일정 부분은 자연적 경관의 하나처럼 느껴질 수 있기 때문이다. 한편으로 근현대 시기에 들어서 진행된 도시 확장과 근대화 진전에서의 '경제적 관점'은 그것을 해체하는 방향으로 진행되었다.

그렇기 때문에 경양호에 가해진 근현대 시기의 두 차례 시련은 각별한 의미를 갖는다. 아울러 그것은 1차와 2차 모두 거의 동일한 요구에 의해 시도되었지만, 각기 다른 결말을 맞게 되었다. 특히 1차 매립을 진행한 일제의 도시계획에 대한 광주 시민들의 저항은 오늘날에도 되새겨 볼만한 일일 듯싶다. 어떻게 보면 경양호는 이미 역사 속에 자리한 과거의 영상 중 하나를 차지하는 것에 불과할 수 있다.

하지만, 그에 대한 복원이 오늘날 지역 사회의 적극적인 생활 여건의 개선에 부응하는 형태로도 진행될 수 있을 것이라는 생각도 든다. 본문 내에 사족처럼 제시한 사안들은 바로 그 지점에 대한 것이다. 구체적인 계획을 먼발치에서부터 준비하고, 그 실행과 결실에 욕심을 내지 않고 다가선다면, 그리 먼 미래가 아닌 시기에 우리 시대의 또 다른 경양호를 만날 수도 있지 않을까 하는 생각이 든다. 터무니없는 계획이 아닌, 제한된 여건 속에서 계기를 만들어 가는 계획을 착실히 세워 나간다면, 그 역시 막연하지만은 않은 구상이 될 것이다.

참고문헌

『景陽志』, 『牧民心書』, 『頤齋遺藁』, 『霽峯集』, 『湖南驛誌』.

『東亞日報』, 『釜山日報』, 『全南日報』, 『朝鮮總督府官報』.

「1872년 지방지도-광주목」, 「光州市街圖(1915)」, 「光州郡地形圖(1917)」, 「光州市街地計劃平面圖(1939)」, 「光州都市計劃圖(1967)」.

金洪三, 『景陽방죽의 歷史』, 第一文化社, 1968.

송인성, 『도시경영론』, 전남대학교출판부, 2008.

앙충조 편, 『경양방죽과 마을사람들』, 2011.

양충조 편, 『추억이 깃든 경양마을』, 2012.

광주광역시, 『2020년 광주도시관리계획 재정비』, 2012.

양충조 편, 『경양마을 이야기』, 2014.

광주광역시립민속박물관, 『옛 지도로 본 광주』, 2014.

광주광역시 편, 『무등산 생태박물관』, 2016.

광주광역시, 『광주도시계획사』, 2017.

광주광역시, 『2030년 광주도시기본계획』, 2017.

광주광역시립민속박물관, 『경양방죽과 태봉산』, 2018.

盧麟煥, 「行政公約 全羅南道篇 - 光州市」, 地方行政 14, 1965.

이규환, 「조선시가지 계획령과 서울의 도시개발사업」, 『중앙행정논집』 16-2, 2002.

황영산·전영숙, 「광주읍성 공간의 형성과 해체 그리고 재현」, 『한국도시지리학회지』 18-1, 2015.

광주 태봉산 전설의 재구성

조상현

Ⅰ. 머리말

광주에서 '태봉'은 사람들의 기억 속에서 점차 사라져 가는 이름이다. '태봉동'은 1983년 신안동과 용봉동으로 분리되면서 사라졌고, '태봉파출소'도 그 흔적을 지우고 퇴장했다. 이제 '태봉초등학교' 정도가 그 명맥을 유지하고 있다. '태봉'이란 이름의 유래가 됐던 광주 태봉산은 경양방죽 속으로 사라졌고, 태실胎室만이 광주시립민속박물관 앞뜰에 석조 전시품 중 하나로 우리에게 남겨졌다.

오늘날 태봉산을 기억하는 방식은 경양방죽과 연결돼 있다. 원래부터 그 자리에 존재하였던 자연 구릉인 태봉산과 세종 때 김방金倣이 축조했다는 구전[1])이 전해오는 인공 제방 경양

* 이 글은 호남학연구원, 『호남학』 제65집, 2019에 수록되었음.

방죽 사이에는 사실 연관되는 지점이 많지 않았다. 그러나 태봉산과 경양호는 공교롭게도 같은 해 같은 목적을 이유로 그 최후를 같이 하게 된다. 바로 1967~1968년 태봉산을 허물어 경양방죽을 메워 버렸기 때문이다. 이제 태봉산은 원래 자기 자리보다는 계림동 경양방죽 터 아래에 파묻힌 존재로 더 자주 언급되고 있다.

누군가의 태실이 묻히고 태봉산이 된지 400여 년, 태실을 발굴하여 주인공이 밝혀진지 90여 년, 태봉산이 사라진 지 50여 년이 지났다. 그 오랜 시간을 광주와 함께 했던 태봉산에 대해 우리가 알고 있는 정보는 극히 제한적이다. 90년 전 일제에 의해 진행된 발굴과 그 때 나왔다는 유물, 그리고 태봉산에 얽힌 전설 정도가 우리가 태봉산에 대해 알고 있는 전부라고 해도 지나치지 않을 것이다.

이 글은 우리에게 전해지고 있는 태봉산 전설 내용에 대한 검토와 그 전설에 대한 기억의 진실을 찾아나서는 것이 주목적이다. 이를 위해 조선 이후 주요 시기별 태봉산에 대한 기록을 되짚어 보고, 역사적 사실과 기억 속 전설 사이에 발생하는 괴리를 추적할 것이다. 다만 태봉산과 관련된 새로운 1차 사료의 발굴이 있는 것도 아닌 상태에서, 이 글을 통해 필자가 할 수 있는 연구의 범위는 지극히 제한적일 수밖에 없다. 따라서 본 논문은 새로운 사료의 발굴이나 그동안 몰랐던 정보의 소

1) 金洪三(1968), 『景陽방죽의 歷史 -金倣을 中心으로-』, 第一文化社, 29쪽; 광주광역시립민속박물관(2018), 『경양방죽과 태봉산』, 43쪽.

개 같은 것에 목적을 두기보다, 기존 정보를 다시금 정리하면서 태봉산과 관련해 우리가 놓치고 지나간 것은 없는지 자료를 재검토하고 재조명하는 것에 의미를 두고자 한다.

Ⅱ. 발굴 전 태봉산에 대한 기록

태봉이 이뤄지기 전, 지역 주민들이 광주 신안동-중흥동에 있던 낮은 구릉을 부르던 본연의 이름이 무엇이었을까? 조선시대에 이를 기록한 예는 전혀 알려진 바가 없다. 다만 일제강점기에 편찬된 『광주군사光州郡史』에는 흥미로운 내용이 한 줄 소개되어 있다. '그 모양 때문에 만두산饅頭山으로 불린다'는 기록이 그것이다.[2] 이미 발굴이 끝난 이후인 1933년 기록이고 만두산과 태봉산 명칭간의 선후 관계를 판단할 근거도 명확히 제시되지 않았지만, 적어도 '태봉'이라는 의례와 상관없이 광주 태봉산 그 자체를 지칭하는 단 하나의 이름이라는 점에서 나름대로 의미 있는 부분이라 하겠다. 만두산이라 불리던 언덕은 이제 태실이 봉안되면서 새로운 이름을 얻게 됐을 것이다. 그렇다면 태봉산에 대한 기록들을 하나하나 찾아가 보자.

전국에는 무수히 많은 태봉산이 있다.[3] 같은 이름의 산이

---

2) 光州郡教育會(昭和 8年(1933)), 『光州郡史』, 34쪽; 광주광역시립민속박물관(2004), 『일제강점기 光州文獻集』, 248쪽.

3) 북한을 제외한 남한지역에서 발견된 태봉·태실 관련 유적만 해도 200개

도처에 있는 까닭은 태봉산이 '태胎를 봉안한 산'에게 주어지는 일반 명사이기 때문이다. 실제로 전국에서 '태를 묻은 곳'이라는 의미로 태봉산胎封山·태봉산胎峯山·태봉산胎峰山 이외에도 태실胎室·안태安胎 등의 지명을 사용하고 있는 곳을 어렵지 않게 찾을 수 있다.[4)]

광주 태봉산의 명칭을 살펴보자. 전국에 있는 태봉산이 언제부터 그 이름으로 호명되었는가는 사실 아주 간단한 문제이다. 그 산에 胎가 안치되는 의식이 행해진 다음부터일 것이다. 그러나 광주 태봉산의 경우 '태봉'의 주체 및 시기 등에 대한 정보가 단절된 사례이다 보니 태봉산으로 처음 불리기 시작한 때를 가늠하기는 쉽지 않다.

조선시대 관찬 사료에서는 광주 태봉산을 별도로 언급한 경우를 발견하지 못했다. 또한 태봉산을 별도로 소개하고 있는 개인 기록들도 아직까지는 발견된 바 없다. 다만 태봉동胎峯洞

가 넘는다(社團法人 全州李氏大同宗約院(1999), 『朝鮮의 胎室 Ⅲ -地方의 胎峯과 胎室-』, 全州李氏 大同宗約院).

4) 태봉과 관련된 지명이 다양하게 존재하는 것은 왕실에서 태를 봉안하는 행위 자체를 일컫는 용어들과도 밀접한 관련이 있다. 실제 조선시대에 편찬된 의궤·등록 등에 사용된 태와 관련된 용어만 해도 '藏胎'·'安胎'·'胎封' 등이 두루 혼용되고 있다(국립문화재연구소(2007), 『국역 안태등록』, 민속원, 20~21쪽). 이 단어들은 모두 같은 뜻으로 태를 봉안하는 의례 그 자체를 이야기하는 면이 강하다. 반면, '胎峯'은 태실이 있는 산봉우리, 즉 장소에 대한 의미가 더 크다고 하겠다(李圭相(2005), 『韓國의 胎室』, 청원군·청원문화원, 15쪽). 그렇다고 하여 '胎封'과 '胎峯'사이에 눈에 띄는 차이나 그 위상에 격이 있다는 것은 발견되지 않는다. 그 의미가 서로 구분없이 사용되고 있다고 볼 수 있다.

근처에 있었다는 두 개의 정자 '오산정鰲山亭'과 '남애정南涯亭'에 걸려 있던 시 두 편에 태봉산이 스치듯 언급된 적이 있다. 오산정에 있는 시에는 '땅의 기운이 태봉산을 감싸니 맑은 기운 충만하고'라는 부분이 있었고, 남애정에 걸린 시에는 '태봉산 남쪽 경호[경양방죽]'라는 부분이 있었다.[5] 아쉽게도 태봉산이라는 고유명사만 등장할 뿐 별다른 정보는 없다.

다음으로 고지도와 각종 지리지 등에서 태봉산 정보를 찾아보자. 광주 태봉산에 안태가 이뤄진 것이 인조 이후이기 때문에 조선 후기에 제작된 지방지도에서 태봉산 이름을 찾아 보았다. 인조 이후에 제작된 가장 이른 시기의 지도는 보물 1596호로 지정된 「동여비고東輿備攷」(〈그림 1〉)이다.[6] 이 지도 제작 연대는 숙종 8년(1682)이라고 알려져 있다.[7] 태가 묻혔던 인조 3년(1625)으로부터 불과 57년 지난 후 제작된 것이다. 광주지역 지도를 살펴보면 임동에 있었던 십신사十信寺는 표시되어 있는 반면, 거기에서 멀지 않은 곳에 있던 태봉산은 없다. 물론 「동여비고」에 나오지 않았다는 사실이 이 때 이미 잊혀졌다는 것을 증명하는 것은 아니다. 설사 당시 중앙이나 광주 지

5) 현재 두 개의 누정은 사라지고 없으며, 그곳에 걸려 있었던 시는 『朝鮮湖南誌』 卷2 樓亭 光州項에 실려 있었다고 한다(全南大學校 湖南文化硏究所(1985), 「全南地域의 樓亭調査硏究(1) 資料篇」, 『湖南文化硏究』14, 276~277쪽).

6) 경북대학교 출판부(1998), 『東輿備攷』, 71쪽.

7) 李相泰(2002), 「『東輿備攷』의 歷史地理學的 價値에 關한 硏究」, 『嶺南學』2, 경북대학교 영남문화연구원, 3~4쪽.

방에서 태의 주인공을 알고 있었다고 하더라도 요절한 왕자의 태봉이 지도에 표기될 중요성을 지닌다고 보기도 어렵기 때문이다.

다음으로 1735~1750년 사이에 비변사가 주체가 되어 제작한 일명 「비변사지도」(혹은 비변사인 방안지도) 호남지도(奎12155) 중 광주지도를 살펴보면 '태봉台峰'이 등장한다.(〈그림 2〉) 1871년에 제작된 『호남읍지』 「광주목지도」(圭12175)(〈그림 3〉)에서는 '태봉台峯'으로, 그리고 1895년 제작된 『광주읍지』 「광주군지도」(圭10787)(〈그림 4〉)에서는 '태봉台峰'으로 나온다.

비변사지도와 비슷한 시기에 제작된 것으로 추정되는 『해동지도』 「광주목지도」(古大4709-41)(〈그림 5〉)에서는 '태봉胎峯'이라고 표기되어 있다. 이후 1776년 이후에 제작된 『지승』(奎15423)(〈그림 6〉)과 19세기 전반에 만들어진 『광여도』 「광주목지도」(古4790-58)(〈그림 7〉)에도 같은 이름이 쓰이고 있다.

고지도 가운데 태봉산에 관련된 중요한 정보를 제공하고 있는 유일한 예로 19세기 후반에 제작된 『1872년 지방지도』 「광주지도」(〈그림 8〉)가 있다. 이 지도에는 산 이름대신 태봉산에 대한 설명으로 보이는 "고려왕자태봉高麗王子胎封"이라는 문구가 등장한다. 〈그림 1~7〉 지도가 태봉이라는 단순 정보를 전달하는데 그친 반면, 〈그림 8〉은 태봉에 대해 그 주인공을 '고려왕자'라고 명시하고 있다는 점에서 조선 후기 광주 태봉산에 대한 기억 방식을 알려주는 귀한 자료라고 하겠다. 아마도 1872년 지도를 편찬할 당시 광주 주민들 사이에서 알려진 태봉산에 대한 정보를 취합하여 지도 편찬에 참고했다고 본다면 분명 조선 19세기 말 광주 태봉산은 '고려 왕자의 태가 묻힌 곳'이라는 이야기가 널리 통용되고 있었을 것이다. 하지만 안타깝게도 이 정보의 근거는 어디에서도 확인할 수 없으며 지도에 나오는 여섯 글자가 조선시대 광주 태봉산에 대해 알려주는 정보의 전부이다.

이상 지도를 통해 보았을 때 17세기와는 달리 18세기 이후로는 광주 태봉산의 존재와 '태봉'에 대한 인식이 확실히 자리 잡혔음을 확인할 수 있다. 여러 고지도에 태台와 태胎, 봉峰과 봉峯 등 다른 글자가 사용된 정도의 차이가 발견되고 있지만, 이는 단순히 한자 표기상의 문제일 뿐 유의미한 구분은 아니다. 이 시기 대부분의 지도에서 태봉이 등장하는 것은 주인공에 대한 기억과는 별개로 보인다. 아마도 당시 광주읍성 외곽에서 찾을 수 있는 독특한 자연지형이 지도 표시에 영향을 준 것은 아닐까 한다.

〈그림 1〉 동여지도

〈그림 2〉 비변사인방안지도 호남지도 (奎12155)

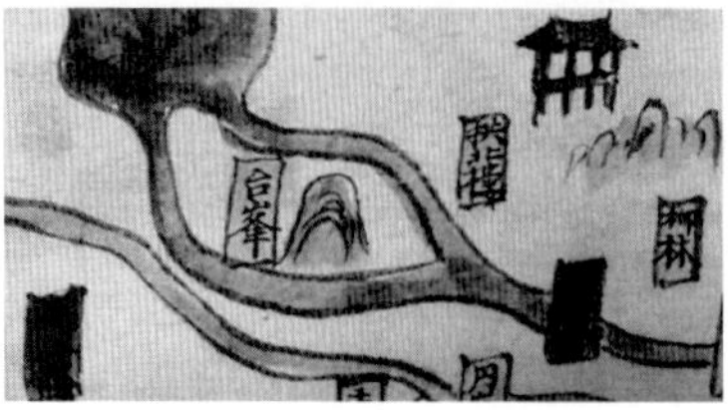

〈그림 3〉 호남읍지 광주목지도
(圭12175)

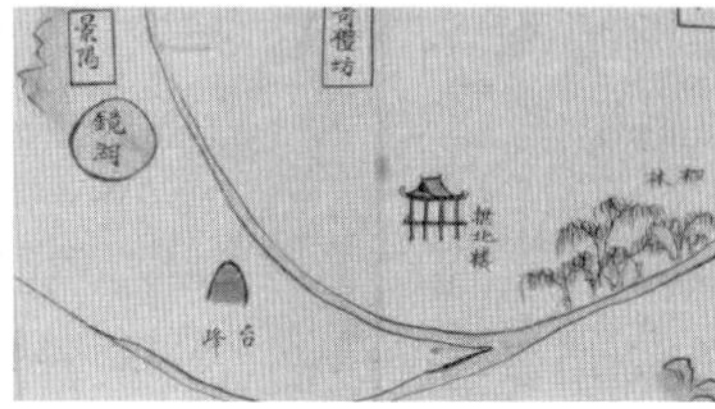

〈그림 4〉 광주읍지 광주군지도
(圭10787)

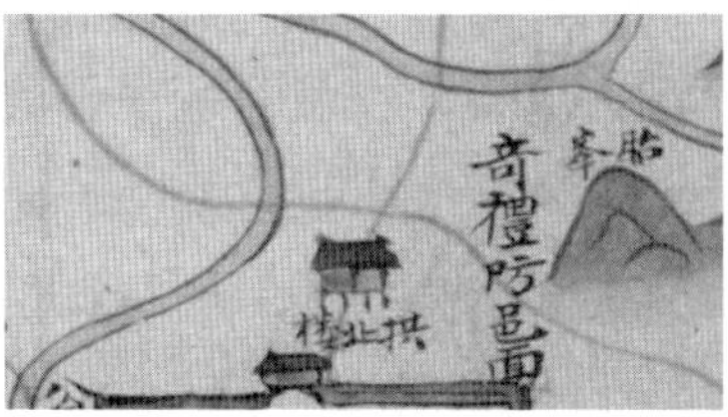

〈그림 5〉 해동지도 광주목지도
(古大4709-41)

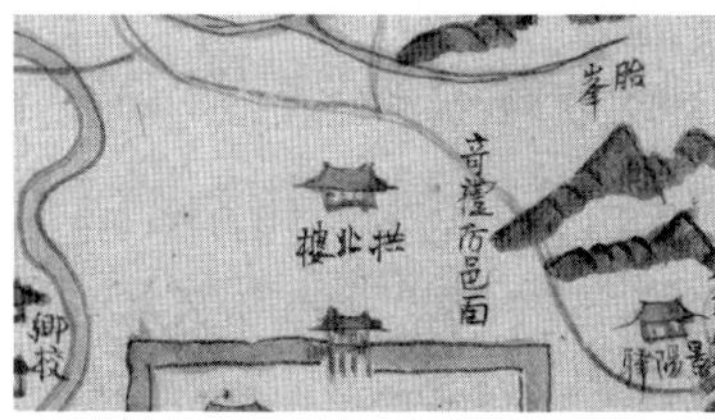

〈그림 6〉 지승 전라도 광주목지도
(奎15423)

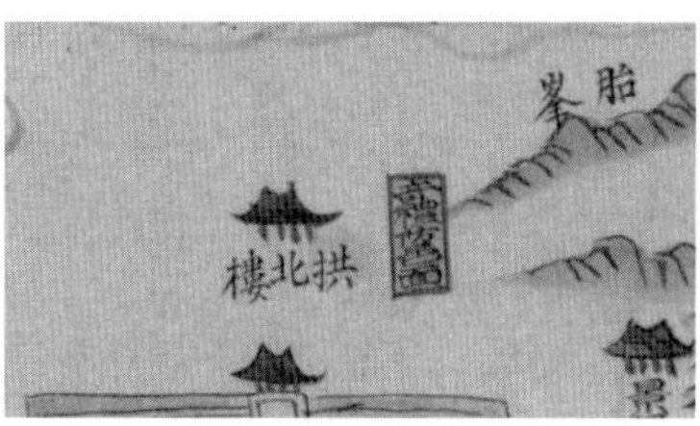

〈그림 7〉 광여도 전라도 광주목지도
(古4790-58)

〈그림 8〉 1872년 지방지도 전라도
광주지도

광주지역에 대한 읍지를 살펴보자. 조선 후기에 편찬된 이 지역 읍지로는 1799년경에 편찬된 것으로 추정되는 『광주목지光州牧誌』(奎10800)와 1899년에 편찬된 『광주읍지光州邑誌』(奎

10787)가 있다. 비슷한 18~19세기 무렵에 제작된 고지도 상에는 이미 태봉산이 표시되고 있었지만, 이 시기의 읍지에는 태봉산에 대한 언급이 전혀 없다. 보통 지도는 그 지역에서 특히 상징적인 분야를 간추려 표기하고, 읍지에는 지도에 없는 내용까지도 세세한 설명을 추가한다는 점을 고려하면 각종 지리지와 읍지 등에 태봉산 설명이 전혀 없다는 것은 특이한 점이다. 아마도 태실 주인공에 대한 정보가 없다는 것이 설명의 부재로 이어진 듯하다.

조선 후기 누정이나 지방지도 등에서 발견되는 기록의 편린 속에서 확인할 수 있는 것은 태실에 대한 기억이 이중적이라는 점이다. 먼저 고려왕자의 태실로 인식하는 등 태실의 주인공에 대한 기억은 사라진 상태였다. 하지만 적어도 태봉이라는 이름을 유지하고 있다는 것 자체는 사람들이 그 산에 태가 묻혀 있는 특별함을 기억하고 있다는 방증이기도 하다.

조선시대의 자료에는 등장하지 않지만 일제강점기 작성 기록 가운데 광주 태봉산에 대한 다른 계통의 이야기가 전해진다. 1942년 조선총독부에서 편찬한 『조선보물고적조사자료朝鮮寶物古蹟調査資料』〈그림 9〉에 신라시대의 것이라는 내용이 기록된 것이다.[8] 1942년이면 이미 발굴을 거쳐 주인공이 명확히 밝혀진 이후인지라 당시 광주 주민들이 조선시대가 아닌 신라시대의 것으로 알고 있었다는 정보 자체에 여러 의문이 들 수밖에

8) 朝鮮總督府(昭和17년(1942)), 『朝鮮寶物古蹟調査資料』, 大海堂印刷株式會社, 189쪽.

없었다. 그런데 1942년의 기록이 발굴 전 떠돌던 내용을 참고한 것임을 확인할 수 있는 자료를 새롭게 발견하였다.

〈그림 10〉은 조선총독부에서 제작한 것으로 보이는 『전라남도 고적태장全羅南道 古蹟台帳』[9]의 일부분이다. 고적대장이라는 이름의 비슷한 자료들이 전라남도를 포함하여 전국 곳곳에서 작성된 것으로 보아 1916~1917년 사이에 식산국 산림과에서 전국을 조사·생산한 것으로 추정된다.[10] 1942년 총독부 출판자료인 〈그림 9〉와 1916~17년 추정 〈그림 10〉의 '태봉' 부분을 비롯한 다른 부분을 확인해 본 결과 내용이 동일하다는 것을 확인할 수 있다. 그렇다면 1942년 자료는 1917년 무렵 수집된 정보를 토대로 그대로 작성한 것이다.

내용을 자세히 보면 '태봉'의 위치가 '서방면 태봉리'임을 보아 명확히 광주 태봉산을 일컫고 있다. 그 아래에는 '태봉산성'과 '국유림'이라는 추가설명이 있는데, 산림의 소유를 조사해서 국유·사유 등으로 별도 표기하는 것은 조사 주체가 식산국 산림과라는 점과 밀접한 관련이 있다. 하지만 태봉산성은 조선시대에도 그리고 이후 어느 자료에도 언급된 바 없는 것으로, 그 출처가 어디인지는 알 수 없다. 그 밑으로 '신라시대'라는 설명이 적혀 있다. '신라시대'설의 존재는 기존 '고려왕자태

9) 국립중앙박물관 소장 조선총독부박물관 문서, 관리번호 F114, 복독번호 96-202.

10) 타 지역의 경우 '古蹟臺帳'이지만 전라남도의 경우 '古蹟台帳'이라고 하였다. 표지 제목의 한자를 제외하고 기타 자료의 전반적인 구성은 동일하다.

봉’설과는 전혀 다른 두 계통의 구전이 전해 내려왔음을 알려 준다. 하지만 신라 혹은 고려의 것이라는 두 가지 계통에 대한 더 이상의 자세한 이야기는 전혀 전해오지 않는다.

10	胎峯	瑞坊面胎峯里	胎峯山城 國有林	新羅時代ノモノト稱ス半圓形ノ石ヲ二ツ重ネタルモノニシテ上方ノ周圍十二尺六寸下方ノ周圍十三尺三寸下石ニ直徑凡二尺ノ圓形ノ穴アリ其中ニ胎衣ヲ入レタルモノノ如シ

〈그림 9〉 鮮寶物古蹟調查資料

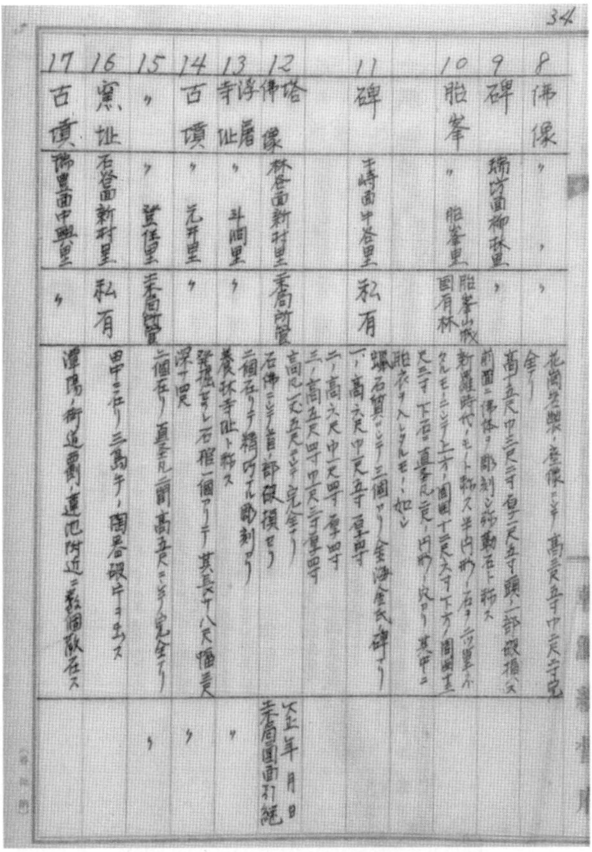

〈그림 10〉 전라남도 고적대장 광주군

한편 태실에 대한 설명도 덧붙였다. 13척 내외의 이중으로 된 반원형 돌이 있는데 윗돌은 '12척 6촌'이고, 아랫돌은 '13척 3촌'이라고 하였다. 또 아래에 2척 정도의 구멍이 있어 이 안으로 태의胎衣를 넣었을 것이라 추정하였다. 당시에는 일본의 곡척을 기준으로 삼았는데, 1척이 30.3cm 정도이다. 그렇다면 윗돌은 381.78cm이고, 아랫돌은 402.99cm가 된다. 발굴된 태실의 지름이 120cm라는 점에서 4미터 정도의 크기는 편차가 상당한 것이다. 그렇다면 척으로 기술된 길이는 지름이 아니라 둘레라고 보는 게 타당하겠다. 지름 120cm는 둘레 376cm 정도로 아주 비슷하다. 이 문제를 다른 측면에서 이해하자면 발굴 이전에 태봉산 정상부의 태실 일부가 이미 노출된 상태였으며 태실의 주인공만 모를 뿐 그 시설의 존재에 대해서는 널리 알려져 있다고 봐야한다.

Ⅲ. 태봉산 발굴과 전설의 재구성

이미 널리 알려진 바, 광주 태봉산은 조선시대 인조의 넷째 아들인 용성대군의 태를 묻은 곳이다. 그러나 무슨 연유에서인지 광주 태봉산에 대해서는 조선시대에 그 정보가 누락되어 있었다. 이 장에서는 태봉산 전설과 발굴루 인해 밝혀진 정보이 선후 관계를 살피고, 전설이 재구성되는 과정을 살펴보려 한다.

오늘날 전해오는 광주 태봉산 전설은 복수의 구조를 가지고 전해지고 있다. 가장 기본적인 틀은 태의 주인공과 연결된 것이고, 다른 하나는 풍수 관련해서 태봉산을 여의주에 비유하는 것이다.[11] 그 가운데 태의 주인공에 대한 전설의 내용은 다음과 같다.

> 1624년 평안병사 이괄이 인조에게 반정을 도모하여 서울로 쳐들어오자 인조는 공주로 피난을 했는데 인열왕후는 이곳에서 왕자를 낳았다. … 이 아기 왕자는 태어나서부터 잔병이 끊이지 않았으니 왕과 왕후의 근심이 이만 저만이 아니었다. 하루는 백발도승이 나타나 "왕자의 태가 곤욕을 치르고 있소. 태가 묻힌 곳은 음악한 지기가 충동해서 태를 이장하되 광주 고을 복판에 여의주모양 둥글고 작은 산이 있으니 손바닥만한 금을 태와 함께 넣어 그곳에 안장하시오"라고 말하고는 사라졌다. 인열왕후는 왕자를 위해 하늘이 보낸 도승이라 여기고 그대로 따랐다.[12]

그리고 이 전설의 마지막에는 전설의 신빙성을 설명하는 또 다른 문구가 등장하곤 한다. 바로 전설의 내용이 1928년의 조

---

11) 태봉산에 대한 전설이 가장 잘 정리된 것은 『光州의 傳說』(광주직할시(1990), 光州直轄市, 라이프, 108~114쪽)이다. 관련 전설이 '태봉'·'태봉산과 여의주'·'태무덤' 3개 항목으로 소개되고 있다.

12) 박선홍(1994), 『광주 1백년② -개화기 이후 풍물과 세속-』, 금호문화, 228~231쪽; 광주광역시 북구 문화정보실(1999), 『광주북구지리지』, 광주광역시 북구청, 290~292쪽; 전국문화원연합회 광주광역시지회(2005), 『향토사료조사 광주광역시 구전설화』, 240~243쪽; 노성태(2014), 『광주의 기억을 걷다』, 살림터, 105쪽; 광주광역시립민속박물관(2018), 앞의 책, 196쪽.

사 결과 사실로 밝혀졌다는 것이다.[13] 그렇다면 1928년에 새롭게 밝혀진 내용에 대해 잠시 살펴볼 필요가 있다.

앞서 여러 자료를 통해 1928년 발굴 이전까지는 국가나 지방 그리고 주민 모두 누구의 태실인지 전혀 모르고 있었음을 확인한 바 있다. 그러던 중 1928년 일제가 이곳을 발굴조사하면서 갑자기 많은 정보들이 새롭게 등장한다. 이때 밝혀진 내용이 자세히 정리된 것은 발굴 5년 뒤인 1933년 간행된『광주군사』이다. 이 책의 광주 명소구적名所舊蹟 부분 첫 번째 항목으로 '태봉胎峯'이 소개되고 있는데, 발굴과정에서 나온 석실과 백자항아리, 석비와 명문지석 등에 대한 설명이 상세히 적혀 있다.

『광주군사』에서 가장 중요한 정보는 역시 주인공에 대한 내용이다. 가로·세로 27.3cm의 지석에는 다음과 같은 총 34글자가 새겨져 있었다.

皇明 天啓 四年	황명 천계 4년(1624)
九月初三日 辰時 誕生	9월 3일 진시 탄생
王男大君 阿只氏 胎	임금의 아들인 대군 아기씨의 태
天啓 五年 三月二十五日 藏	천계 5년(1625) 3월 25일 묻다

13) 관련 내용을 대강 정리하면 '1929년 7월, 당시 가뭄이 심해지자 사람들은 누군가 태봉산에 몰래 암장을 했기 때문이라고 의심하기 시작했다. 비를 내리게 하기 위해서는 암장을 파헤쳐야 한다는 풍습에 따라 사람들이 태봉산을 파헤쳤다. 이때 인조의 왕자 태실이 발굴되면서 기존에 내려오던 태봉산 전설이 사실로서 확인 되었다.'는 내용이다.

고려 혹은 신라시대 태실로 파악하던 기존 자료와는 다르게 실제 발굴 결과 1625년에 안태된 것이라는 밝혀졌다. 대군 아기씨가 태어났다는 천계 4년(1624)은 인조 2년이며, 태를 묻었다는 천계 5년은 인조 3년이다. 시기적으로 봤을 때 이 태실의 주인공은 인조의 넷째 아들인 용성대군龍城大君 이곤李滾(1624~1629)이다. 이곤은 인조와 인열왕후 사이에서 태어난 네 명의 적자 가운데 유일하게 인조가 왕위에 오른 다음에 창덕궁에서 태어난 아들이었다.

『광주군사』를 쓴 야마모토 데쓰타로[山本哲太郞]는 지석 설명 아래에 "이 당시 왕은 인조대왕으로서 왕자가 탄생한 해는 왕이 즉위한 지 2년에 해당한다. 그 해에 유명한 이괄의 반역이 있었다. 한양으로 침공하여 들어왔기에 왕은 충남 공주로 파천하였고, 장만·정충신 등이 이괄을 죽이고 난을 평정하여 왕이 한양으로 귀환하였다."는 내용의 부기附記를 남겨놓았다.[14] 인조 2년이 이괄의 난이 일어난 해라는 아주 기초 사실만 적어둔 것이다.

태봉산 전설과 일제의 발굴, 그리고 이로 인해 전설이 사실로 판명되었다는 현재의 기억은 어딘가 어색하다. 분명 1928년 이전에 태봉산에 대해 확인 가능한 것이라고는 '신라시대 태봉' 혹은 '고려왕자태봉'으로 알려져 있다는 것이었다. 만약 전설의 내용처럼 태봉산이 인조의 왕자 태실이라는 것이 널리

14) 광주광역시립민속박물관(2004), 앞의 책, 250쪽.

알려져 있었다면 국가에서 이를 관리하지 않을 리가 없다. 실제 조선에서는 안태 후에 태봉을 철저히 관리하였기 때문이다.[15)]

이 전설이 발굴 이전에 존재한 것이 아님을 알려주는 또 다른 지점이 있다. 야마모토 데쓰타로는 분명 1624년은 이괄의 난이 있었던 해라고만 부기를 하였지, 반란 때문에 대군아기씨의 안태가 늦어졌다는 이야기를 한 적이 없다. 그런데 이를 잘못 이해한 사람들은 탄생으로부터 반 년이나 지난 다음에야 안태를 한 것을 이괄의 난과 곧바로 연결시켜 이해하기 시작했다. 하지만 이괄의 난은 인조 2년 1월 24일에 일어났으며,[16)] 상황이 급박해지자 인조가 한양을 떠나 공주로 피난에 오른 것은 2월 8일이었고,[17)] 갑작스레 진압이 되면서 다시 도성에 복귀한 것은 2월 22일이었다.[18)] 인조가 피난 중에 왕자를 얻었다면 가능한 날짜는 1624년 2월의 며칠에 불과하다. 그렇다면 용성대군의 탄생일과 비교해 보면 될 것이다. 태봉산에서 나온 지석에 의하면 9월 3일 태어났다고 한다. 뿐만 아니라 조

---

15) 보통 태실을 지키는 守直軍과 산지기를 각각 4명과 10명을 두었고, 관련 시설에 이상이 있을 때 심지어는 비석의 글자 한 획이 마멸돼 보이지 않는 경우에도 이를 지방 관청에 알리도록 했다. 만약 제대로 지키지 못한 수직인의 경우 처벌을 받는 내용이 실록에 기록되어 있다(李圭相, 앞의 책, 126~127쪽).

16) 『인조실록』 4권, 인조 2년 1월 24일 〈이괄이 금부 도사 등을 죽이고 반란을 일으기다〉

17) 『인조실록』 4권, 인조 2년 2월 8일 〈상과 자전·중전 등이 피난길에 오르다〉

18) 『인조실록』 4권, 인조 2년 2월 22일 〈좌의정 윤방이 사평원에 나와 대가를 맞이하다〉

선왕조의 족보인 『선원록』에도 지석의 아기씨 탄생 날짜와 똑같은 9월 3일 용성대군이 태어났다고 기록되어 있다.[19)]

'몸이 약한 아이'라는 내용 역시 태봉산 전설이 1928년 이후 태주胎主가 밝혀진 다음에 창작된 것임을 짐작케 하는 부분이다. 인조의 네 아들 가운데 용성대군만 유일하게 장성하지 못하고 다섯 살의 나이에 일찍 죽게 된다. 어린 나이에 죽은 용성대군 이야기는 결국 몸이 건강치 못해 잔병치레 하는 왕자와 백일기도하는 왕비의 형태로 설화에 녹아들어간 것이 아닌가 한다. 계룡산에서 광주로 태실을 옮긴 것 역시 설화의 신비함을 높이기 위한 극적劇的 장치로 볼 수 있다. 또 도사가 말한 금박이 실제로도 발굴이 되었다는 것과 관련해서, 설화와 무관하게 원래 조선시대 왕의 자녀 태실에는 금박과 은박이 함께 봉안되는 경우가 많았다.[20)]

그렇다면 '태봉산 전승 설화가 사실로 밝혀졌다'는 세간의 이야기를 어떻게 보아야 할까? 설화와 발굴 사실의 순서를 거꾸로 보아야 제대로 이해할 수 있다. 1928년의 발굴 결과 지석을 통해 인조의 왕자 태실이 태봉산에 모셔져 있음을 확인하였고, 당시 신문에도 관련 내용이 소개된 바 있다.[21)] 또 1933년 『광주군사』를 통해 다시 한 번 확산되는 과정을 겪었다. 신문과 군사郡史를 통해 정보를 얻은 사람들은 이 주인공

---

19) 광주광역시립민속박물관(2018), 앞의 책, 119쪽.
20) 李圭相, 앞의 책, 134~135쪽.
21) 「仁祖朝 王男 胎封 發見」 『매일신보』 1928년 8월 19일.

이 인조의 아들이었다는 사실을 확인하였으며, 야마모토 데쓰타로가 이괄의 난을 언급한 것에 착안하여 '피난 도중 탄생한 아기'라는 극적인 스토리가 창조된 것이다. 오랜 기간 사람들의 기억 속에서 사라져 있던 '망각의 태봉산'은 발굴 후 주인공과 인조 초기 상황 등이 덧붙여지면서 재구성된 것이다. 결국 발굴 결과를 토대로 사후에 창작된 설화가 마치 예전부터 널리 퍼져 있었으며, 발굴 결과 그것이 사실임이 입증되었다는 식의 내용은 잘못된 것이다.

태봉산 이야기를 하다보면, 생기는 의문이 하나 더 있다. 왜 대군의 태실이 그렇게도 철저히 방치되었으며, 모든 이의 기억에서 감쪽같이 지워진 것인가? 이괄의 난 때문이라는 의견이 나올 수 있지만 실제 탄생은 몇 개월 후라는 것을 확인하였다. 조선시대에 태봉胎封의 의미와 그 절차의 복잡성을 생각한다면 아무도 모르게 몰래 안태를 하고 갔을 것으로 생각하는 것은 매우 어색하다. 대군아기씨의 거대한 태실을 땅에 묻고 그 위에 비석도 세우는 일련의 의례는 고을의 주요 행사로 진행되었을 것이다. 그럼에도 불구하고 시간이 지나면 잊히는 것이 생기기 마련이겠지만, 불과 1백여 년 만에 태봉산이 신라나 고려의 것이라는 소문이 돌 정도까지 일련의 정보가 사라지게 된 것은 또 다른 이유가 있을 것이다.

인조 4년의 실록 기사이다.

예조가 아뢰기를,

"대전태실大殿胎室을 봉심奉審하고 조성할 것을 전례에 근거하여 계품하였는데, 성상께서 '형식적인 일을 나는 매우 싫어한다. 봉심하지 말라.'고 하교하셨습니다. 신들은 백성들의 폐해를 제거하여 주시고자 하는 지극한 성상의 뜻을 흠앙합니다. 그러나 만일 조성하여 표시하지 않으면 후일 필시 그곳을 모르게 될 것입니다. 해사該司로 하여금 전례를 상고하여 거행하게 하소서."하니, 따랐다.

예조가 또 아뢰기를,

"대전大殿과 왕세자의 태장胎藏이 모두 정토사淨土寺 전봉前峯에 있다고 합니다. 정부와 예조 당상, 관상감 제조 각 1원員이 가서 그대로 안장되어 있는가를 봉심할 일을 길일을 가려 거행하도록 하소서."하니, 답하기를,

"수직군守直軍을 정해서 나무하고 꼴 뜯기는 것만을 금하도록 하라."하였다.22)

예조의 글을 보면 인조에게 왕실 태실에 가서 상태를 점검하고 보살피는 의례를 해야 한다고 하자 인조는 백성들에게 폐해를 주는 '형식적인 일'을 하지 말라고 명하였다는 것이다. 조선시대에 실제로 너무 많은 지역이 태실에 사용되고 있어서 백성들이 활용할 임야가 줄어든다는 등의 민생民生 불만이 발생하곤 했다.23) 이렇듯 임금과 예조는 봉심하는 것이 백성들

22) 『인조실록』 14권, 인조 4년 8월 1일 〈예조가 대전 태실을 봉심하고 조성할 것을 아뢰다〉

에게 달갑지 않은 일이라는 것을 공히 인식하고 있었던 것 같다. 그래서 다른 태실도 아니고 인조 본인과 소현세자의 태봉 장소에 대해서도 주민들이 나무를 베가는 것이나 꼴 뜯는 것만 금지하고 다른 것들은 풀어주라는 이야기를 전하였다. 인조 임금 자체가 태봉 관련 허례에 대해 부정적인 인식을 가지고 있었던 것으로 보이고, 또 이괄의 난과 호란 등의 상황으로 인해 기존 태실마저도 제대로 관리하기 어려운 상황에 놓였다고 보아야 할 것이다.

또 다른 이유는 용성대군의 비극적 생애와 밀접한 관련이 있을 것이다. 정묘호란 2년 후, 5세의 어린 나이에 사망한 용성대군의 태봉은 추가로 병자호란을 겪는 등의 국가적 혼란 상황에서 제대로 관리되지 않았을 가능성이 매우 높다고 하겠다. 고려는 물론이거니와 조선에서도 내 고을에 왕실의 주요 태봉이 생기면 읍호가 승격될 정도의 경사스러운 일이었다.[24) 하지만 모든 태실이 다 그렇게 대접 받는 것은 아니었고, 왕자가 국왕으로 즉위하거나 추존왕이 되는 경우 태실胎室을 태봉

---

23) 왕자, 공·옹주의 태 하나 묻는데 각각 하나의 산이나 하나의 고을을 모조리 이용하였다. 영조는 이 문제를 해결하기 위해 태봉을 峯頂에만 고집할 게 아니라 한 능선에 '同胎'하는 방법을 제안하였다(『영조실록』 91권, 영조 34년 3월 24일 경술 〈숭문당에 나가 승지에게 구술하여 쓰게 한 태봉 윤음〉). 아울러 대왕 태실은 3백 보, 대군은 2백 보, 왕자는 1백보를 경계로 금표 구역을 실시하였나. 그런데 성해신 경계 밖에서도 벌목이나 매장 등은 여전히 금지되었다.(『대전통편』 예전 잡령 대왕태실)

24) "先王의 胎峯이 있는 고을이므로 읍호를 승격시킨다."(『典錄通考』 吏典 下, 除授 受敎輯錄 郡縣陞格)

胎封으로 격상시키고 주위에 석물 등이 추가 배치되는 이른 바 가봉加封이 이뤄진다.[25] 보통 이러한 태봉 위주로 지원과 관리가 집중되었던 것 같다.

용성대군은 일찍 죽었고, 또 왕위에 오를 우선순위도 아니었던 관계로 광주 태봉산은 애초에 국가 차원의 제대로 된 관리를 받았다고 보기 어렵다. 또 태를 묻고 신성하게 생각하는 것 자체가 아이의 장래 안녕과 장수 등을 기리는 행위인데, 용성대군은 일찍 죽어 태실의 의미 자체가 많이 위축되었다. 그래서인지 용성대군의 태실은 잊힌 반면 그의 죽음을 슬퍼하고 기리는 제사에는 꾸준한 지원이 있었다.

A. 형제들 드물었으니 / 임금의 사랑 지극하셨지 / 누가 그 진심어린 우애에 비견될까 / 언제나 한 몸처럼 여기는 인으로 대하셨네.[26]

B. 송인명이 또 아뢰기를, "궁가宮家에 후사가 없는 경우에는 그 제수祭需를 본조本曹에서 거행하게 되어 있는데, 이는 예전禮典에 어긋나는 것입니다. 이전의 법식을 가져다 상고하여 보아도 별로 전거할 만한 것이 없습니다. 용성대군과 숙신공주의 경우에는 대수代數가 오래 되었고, 이미 해궁該宮에서 구관句管하여 봉사奉祀하고 있는데도 또 본조에서 거행하게 하는 것은 예법에 있어서도 미안스러운 일이니, 예법을 잘 아는 유신儒臣으로 하여금 의논하여 처리하게 하

25) 국립문화재연구소, 앞의 책, 15~16쪽.

26) 『東州集』 시집 23권, 斵輪錄 1 〈麟坪大君挽詞〉

소서." 하니, 임금이 이르기를, "아뢴 대로 하교하겠다." 하였다.[27)]

C. 용성대군·숙신공주의 제수祭需 쌀 160석 군자감. 광흥창
○ 이상은 해마다 정월에 해사該司의 첩보牒報를 기다려서 지급함.[28)]

A는 『동주집』에 있는 '인평대군 만사挽詞'의 일부이다. 인평대군은 인조의 셋째 아들이고, 여기에 나오는 '임금'은 효종을 말한다. 효종은 큰 형 소현세자와 막내 용성대군의 죽음 등으로 동복형제들이 매우 드물었기에, 유일한 혈육인 셋째 인평대군을 지극히 사랑했다는 내용이다. 효종과 인평대군은 3년, 효종과 용성대군은 5년의 나이차가 있었다.

B는 영조 10년(1734) 용성대군과 숙신공주의 제수를 담당하는 부서에 관한 논의이다. 숙신공주는 원래 효종의 장녀였으나 청나라에 볼모로 끌려가던 길에 2살의 나이로 병사한 사람이다. 각각 5살과 2살에 요절한 용성대군과 숙신공주처럼, 후사가 없는 왕실 식구에 대한 제사를 별도로 챙겨주는 것이 드문 경우는 아니었다. 용성대군 사후 105년이 지난 시점에서도 제사는 꾸준히 지내고 있었다. C는 순조의 명으로 1808년 제작한 『만기요람』에 나오는 내용이다. 용성대군 사후 180여 년

---

27) 『영조실록』 37권, 영조 10년 1월 10일 〈송인명이 1년의 재원과 궁가의 제수(祭需)에 대해 건의하다〉

28) 『萬機要覽』 財用篇 4, 戶曹各掌事例 版籍司, 內司及宮房移送.

이 지난 시점에도 여전히 용성대군과 숙신공주에 대한 제수 지원이 계속 되고 있음을 확인할 수 있다.

결국 어린 나이에 죽은 왕자나 공주의 경우 태실에 대한 지속적 관심은 사라지고, 무덤 혹은 제사 중심으로 관심이 옮겨갔던 것으로 볼 수 있다. 이것이 바로 광주 태봉산이 불과 100여 년 만에 주민들의 기억에서 완전히 사라져 버린 이유일 것이다.

Ⅳ. 일제의 조선 태실 훼손과 태봉산

이 장에서는 1928년 일제의 태봉산 발굴 과정을 살피고 당시 기록 속에서 놓치고 있는 부분을 검토하려 한다.

광주 태봉산 태실 발견에 대한 가장 앞선 기록은 『매일신보』의 기사다.

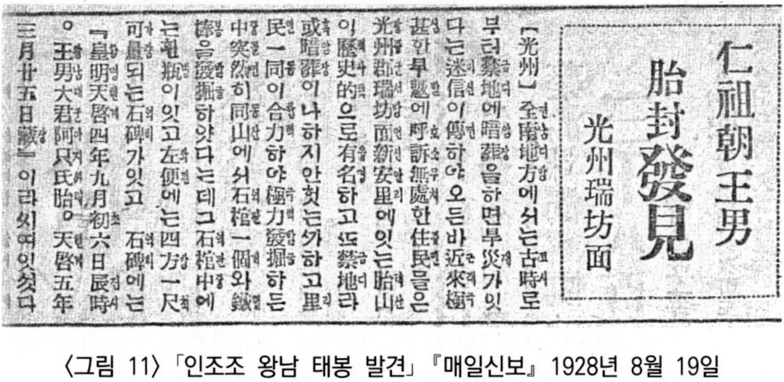
仁祖朝王男 胎封發見 光州瑞坊面

【光州】全南地方에서는古時로부터禁地에暗葬을하면旱災가잇다는迷信이傳하야오든바近來極甚한旱魃에呼訴無處한住民들은光州郡瑞坊面新安里에잇는胎山이歷史的으로有名하고또禁地라或暗葬이나하지안헛는가하고里民一同이合力하야極力發掘하든中突然히同山에서石棺一個와鐵棒을發掘하얏다는데그石棺中에는紅瓶이잇고左便에는四方一尺可量되는石碑가잇고 石碑에는「皇明天啓四年九月初六日辰時○王男大君阿只氏胎○天啓五年三月廿五日藏」이라씌여잇섯다

〈그림 11〉「인조조 왕남 태봉 발견」『매일신보』 1928년 8월 19일

광주 서방면에서 인조의 왕자 태봉이 발견됐다는 제목과 함께 발견의 경과를 설명하고 있다. 기사에 의하면 전남지방에서는 예부터 금지禁地에 암장을 하면 가뭄[한재旱災]이 있다는 미신이 전해왔었다. 그 와중에 1928년 극심한 가뭄이 찾아오니 주민들이 금지禁地인 태봉산에 혹 누군가 암장을 했기 때문이라 생각하였던 것 같다. 가뭄을 극복하기 위해 암장을 찾고 싶은 주민들이 열심히 태봉산을 팠더니 그 곳에서 각종 태실 유물이 나왔다는 것이다. 발굴의 원인이 되었다는 이 기사 내용은 지금도 각종 자료에서 그대로 반복되고 있다.[29)]

광주의 부녀자들이 가뭄을 극복한다고 암장을 찾아나서 무덤을 파헤친 유별남은 이 지역 풍속이자 엄연한 사실이다.[30)]

---

29) 1928년 7월 하순 심한 가뭄이 계속되자 주민들이 태봉산에 암장한 무덤을 파헤치다가 우연히 태실을 발견하게 되었다.(박선홍, 앞의 책, 229~230쪽); 1928년 여름 광주에 큰 가뭄이 들자 주민들은 태봉산에 누군가 몰래 무덤을 쓴 것 때문이라 생각했다. 몰래 쓴 무덤을 파헤치면 비가 온다는 속설에 따라 동네 아낙들이 호미를 들고 무덤을 파헤치는 와중에 태실이 발견됐다.(노성태, 앞의 책, 103~104쪽); 1929년 7월에 가뭄이 심해 태봉산 주변 주민들이 들고 일어났는데, 이들은 태봉산에 암장된 무덤이 있으니 이것을 파헤치면 비가 내린다고 생각했다.(전국문화원연합회 광주광역시지회, 앞의 책, 258~259쪽) 등

30) 1924년 7월 가뭄 피해가 심해지자 광주지역의 수백 부인이 작당하여 사직단에 묻힌 4~5개의 분묘를 발굴했다는 기사가 있다. 이어 무등산 녹천제당에서도 분묘를 발굴하였는데, 경찰도 막지 못하고 방관하였다는 내용이다.(「旱災가 生한 悲劇」『동아일보』 1924년 7월 22일). 앞의 사실이 전국에 알려지자 광주지역 부인들의 극성에 대해 문명국과 거리가 부끄러운 행위라는 기사가 실리는데,(「迷信과 教育, 광주부인들의 굴총했단 말을 듣고」『동아일보』 1924년 7월 24일), 이후로는 가뭄관련 기사에 더 이상은 부인들이 몰려다니며 무덤을 파헤친다는 이야기가 나오지 않는다.

실제 태봉산 전설에서는 당시 6구의 암장 시신을 찾았다고도 한다. 그런데 1928년 암매장 시신을 찾겠다고 주민들이 '극력 발굴'하여 그 시설물까지 파헤쳤고 이로 인해 발굴로 이어졌다는 점은 많은 의문을 가져온다. 태봉산 곳곳의 암장을 찾는 것과 태봉 시설물을 파헤치는 것은 분명 다른 차원이기 때문이다. 특히 앞서 〈그림 9~10〉을 통해 발굴 이전에 이미 태봉산 정상에 석조 시설물이 상당 부분 노출되어 있음을 확인한 바 있다.31)

광주 태봉산의 발굴에 분명 '극렬한 부녀자'라는 요인 외에 다른 이유가 더 있지 않았을까? 이와 관련해서 1928년 광주 태봉산 발굴 4개월 전의 기사를 하나 눈여겨 볼 필요가 있다. 〈그림 12〉는 전국 6~70여 곳의 태봉 가운데 하나도 완전한 곳이 없다면서 민간인의 도굴과 암장이 심각하다고 소개하는 『동아일보』 기사다. 이왕직李王職에서는 나라가 사라진 후 관리자가 없이 그대로 버려진 전국의 태봉을 한 곳으로 모을 계획 중이라고 하였다. 1928년 4월, 이미 이왕직에서는 조선의 탄생과 생명력을 상징하는 태실을 강제로 이전할 준비를 하고 있었다. 기사 후미에는 이러한 계획에 대해 전주이씨 종중에서

---

31) 『광주군사』(1933)에는 발굴의 이유가 되었다는 암매장과 가뭄에 대한 언급이 전혀 없다. 발굴 성과를 자세히 설명하던 태도에 비하면 神異한 내용에 대한 기술을 극도로 꺼리고 있음을 확인할 수 있다. 책을 쓴 저자 야마모토 데쓰타로의 특성인지는 모르겠으나, 태봉산에 암매장 하는 것이 가뭄과 연결된다는 사실이 객관적이지 않다고 생각하고 일부러 적지 않았을 수도 있다.

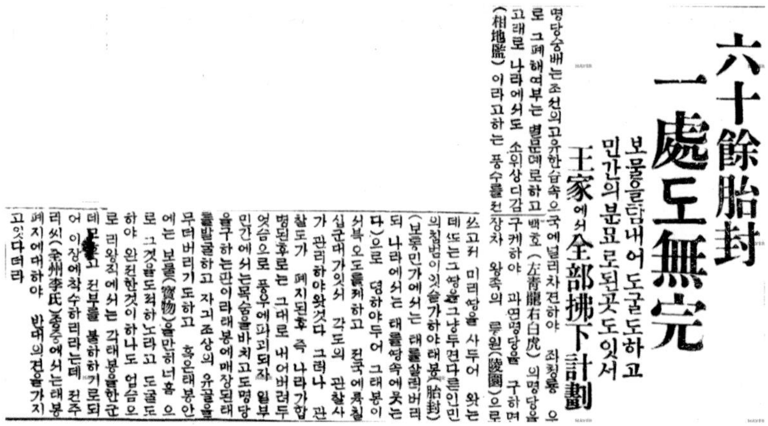

六十餘胎封 一處도無完

보물을담내어 도굴도하고
민간의분묘로된곳도잇서
王家에서全部拂下計劃

명당숭배는조선의고유한습속으로 국에널리차젼하야 좌청룡 우
로 그폐해여부는 별문뎨로하고 백호(左靑龍右白虎)의명당을
고래로 나라에서도 소위상디감 구케하야 과면명당을 구하며
(相地監)이라고하는 풍수를천장차 왕족의 릉원(陵園)으로
쓰고저 미리땅을 사두어 왓는
데 또는그땅을그냥두면다른인민
의침범이잇슴을가하야태봉(胎封)
(보통민가에서는 태를살러버리
되 나라에서는 태를땅속에뭇는
다)으로 뎡하야두어 그태봉이
서북오도를제하고 전국에륙칠
십군데가잇서 각도의 관찰사
가 관리하야왓것다 그러나 관
찰도가 폐지된후 즉 나라가합
병된후로는 그대로 내어버려두
엇슴으로 풍우에파괴되자 일부
민간에서는목숨을바치고도명당
을구하는판이라태봉에매장된태
를발굴하고 자긔조상의 유골을
무더버리기도하고 혹은태봉안
에는 보물(寶物)을만히너흠으
로 그것을도적하노라고 도굴도
하야 완전한것이하나도 업슴으
로 리왕직에서는 각태봉을한군
데모흐고 전부를 불하하기로되
어 이장에착수하리라는데 전주
리씨(全州李氏)종중에서는태봉
폐지에대하야 반대의견을가지
고잇다더라

〈그림 12〉「육십여 태봉 일처도 무완」『동아일보』 1928년 4월 6일

반대한다고만 간략히 나와 있는데, 이는 일제와 이왕직 측의 태봉 폐지와 강제 이전 등이 단순히 암매장 같은 관리의 문제만은 아님을 짐작케 해준다.32)

역시 1928년 같은 해, 이번에는 광주 태봉산 발굴 채 한 달이 지나지 않은 시점에 또 다른 태봉 관련 기사가 나온다. 〈그림 13〉을 보면 신문의 상당부분을 할애하여 총 3건의 태봉 기사를 싣고 있는데 앞서 살폈던 조선 태봉이 잘 관리되지 않아 암장이 많다는 기사와 바로 그런 이유로 각지명산에 있는 조선 태봉을 한 곳에 옮길 목적으로 이장 중에 있다는 기사. 그리고 마지막으로 전국에서 가장 완전한 모습으로 남아 있다는 성종의 태봉을 창덕궁으로 옮겨 앞으로 이장할 시설물의

32) 심현용(2016), 『한국 태실 연구』, 경인문화사, 139~140쪽.

표본으로 삼으려 한다는 기사이다.

1910년 경술국치로 조선은 일본의 식민지로 전락하였지만, 고종과 순종의 황실은 그대로 유지되고 있었다. 하지만 고종은 1919년, 순종은 1926년에 각각 사망하면서 조선의 종묘사직과 태실 및 왕릉을 이어나갈 대代가 완전히 끊기게 됐다. 1928년 여러 곳에서 동시에 진행된 일제의 조선 태실 발굴 및 이전 계획은 단순히 가뭄과 미신의 문제가 아니라 조선 황실의 위상 추락이라는 일련의 과정 속에서 살펴야 할 것이다.

昭和三年九月十日【月曜日】 每日申報

各地名山에뫼시엇든 李王家先代胎封移奉

전선각지오십여처에면사가출장이봉중

한곳에뫼실目的

太祖以下各胎封에 無數한暗葬屍發見

명산에욕심내여태봉에암장

胎甕은奉常所에奉安

新設할標本은 成宗의胎封

성종대왕태봉이재일秘苑으로옴겨왓다

實業野球 聯盟戰 십오일부터

本社主催 乳幼兒決審會

아츰부터성황이엇다

大衆社主催 女子懸賞雄辯

〈그림 13〉『매일신보』 1928년 9월 10일

이왕직李王職은 조선시대 태실을 보존·연구한다는 핑계로 가장 상태가 좋은 성종 태실을 광주廣州에서 창경원으로 이전하였다. 궁으로의 위상은 사라진 채 동물원과 식물원 등 유원지가 된 창경원 한복판에 가장 온전히 남아 있던 조선왕조의 태실을 옮긴 것이다. 그리고 조선 태실 훼손의 정점은 전국에서 54개의 태실을 파헤쳐 고양의 서삼릉西三陵으로 이전한 것이다.

조선 왕조가 신성시하던 태실을 원래의 자리에서 파헤치고 강제로 이장하는 것은 광주 태봉산이라고 예외가 아니었다. 광주 태봉산 발굴 후 그곳에서 나온 유물 중 태항아리와 태지석 등은 당시 광주경찰서를 경유해 조선총독부 박물관, 다시 국립중앙박물관으로 소유권이 이관됐다. 석조 태실은 1968년 태봉산을 허물 때 광주공원으로 이전됐다가 지금은 광주시립민속박물관 앞뜰에 전시되어 있다.

이 모든 것이 1928년에 일어난 것은 우연이 아니다. 결국 광주 태봉산 발굴은 부녀자의 극성을 표면적인 이유로 내세웠지만, 그 해 전국에서 동시다발적으로 일어난 태봉 훼손과 연결선상에서 바라보는 것이 타당할 것이다.

Ⅴ. 맺음말

지금까지 필자는 세가지 방향으로 광주 태봉산을 살폈다.

먼저 Ⅱ장에서는 태봉산 발굴 이전에 이를 기억하는 방식에 대해 살펴보았다. 인조 2년 태봉이 이뤄진 후 일제식민지 시기까지도 태봉산은 명확한 주인공을 알지 못한 채 300년이 넘는 기나긴 망각의 시기를 지나왔다. 겨우 찾을 수 있는 정보라는 것은 출처도 확인할 길이 없는 신라 혹은 고려의 태봉이라는 짧은 문구뿐이었다.

Ⅲ장에서는 발굴 과정에 대해 살피고 태봉산의 전설이 어떻게 재구성되는지 정리하였다. 태봉산은 주인공에 대한 정보가 전혀 없는 상태였지만, 이상하게도 현재 구전되어 내려오는 전설을 보면 인조의 난과 어려서부터 몸이 안 좋은 왕자, 그리고 도승의 이야기가 등장하고 있다. 이 구전의 시작이 어디인가의 의문에 필자는 발굴 과정에서 관련 정보가 공개된 이후에 왕자에 대한 다양한 정보가 추가되면서 창작의 과정을 거친 것이라고 판단하였다.

Ⅳ장에서는 1928년 일제에 의해 추진된 광주 태봉산 발굴에 대한 이야기가 가지고 있는 의문에 대해 검토하였다. 그 동안 암장으로 인해 가뭄이 들어 극렬한 부녀자들이 암장을 찾다 발견됐다는 이야기가 있었지만, 이는 일제의 태봉산 훼손을 정당화하기 위한 구색맞추기일 가능성이 높다. 1928년 유독 전국적으로 조선시대 태봉에 대한 발굴 및 이전이 많았던 것을 근거로, 광주 태봉산의 발굴 역시 같은 의도에서 진행되었다는 점을 추론하였다.

참고문헌

『대전통편』, 『東州集』, 『萬機要覽』, 『영조실록』, 『인조실록』, 『典錄通考』.

『동아일보』, 『매일신보』.

경북대학교 출판부(1998), 『東輿備攷』.

광주광역시 북구 문화정보실(1999), 『광주북구지리지』, 광주광역시 북구청.

광주광역시립민속박물관(2004), 『일제강점기 光州文獻集』, 광주광역시립민속박물관.

광주광역시립민속박물관(2018), 『경양방죽과 태봉산』, 광주광역시립민속박물관.

光州郡教育會(昭和 8年(1933)), 『光州郡史』.

국립문화재연구소(2007), 『국역 안태등록』, 민속원.

金洪三(1968), 『景陽방죽의 歷史 -金倣을 中心으로-』, 第一文化社.

노성태(2014), 『광주의 기억을 걷다』, 살림터.

박선홍(1994), 『광주 1백년② -개화기 이후 풍물과 세속-』, 금호문화.

社團法人 全州李氏大同宗約院(1999), 『朝鮮의 胎室 Ⅱ -朝鮮時代 王子·王女의 胎室-』, 全州李氏大同宗約院.

社團法人 全州李氏大同宗約院(1999), 『朝鮮의 胎室 Ⅲ -地方의 胎峯과 胎室-』, 全州李氏大同宗約院.

심현용(2016), 『한국 태실 연구』, 경인문화사.

李圭相(2005), 『韓國의 胎室』, 청원군·청원문화원.

李相泰(2002), 「『東輿備攷』의 歷史地理學的 價値에 關한 研究」, 『嶺南學』 2, 경북대학교영남문화연구원.

전국문화원연합회 광주광역시지회(2005), 『광주광역시 구전설화』.

전국문화원연합회 광주광역시지회(2005), 『향토사료조사 광주광역시 구전설화』, 전국문화원연합회 광주광역시지회.

全南大學校 湖南文化研究所(1985), 「全南地域의 樓亭調査研究(1) 資料篇」, 『湖南文化研究』 14.

朝鮮總督府(昭和17년(1942)), 『朝鮮寶物古蹟調査資料』, 大海堂印刷株式會社.

간행후기

자신이 몸담은 삶의 터전을 사랑하고 또 그러한 고장의 역사와 문화에 관심을 보이는 것은 인지상정이다. 지역사연구소는 그러한 생각을 바탕으로 세워진 바, 자기가 뿌리내리고 살아가는 고장은 이를 나위가 없으며, 나아가 나라의 경계를 넘어 훨씬 넓은 지경까지를 아우르는 광의의 개념으로서의 지역까지를 연구 대상으로 삼는 모임이다.

지역사연구소가 출항의 돛을 올린 것은 2015년 3월이었다. 몇 해 동안 논의만 거듭해오다가 우선 시작하고 보자는 생각에서 내딛은 첫 걸음이었다. 그리하여 같은 해 5월 이후 오늘에 이르도록 월례발표회를 이어오는 중이다. 본시는 해마다 특정 주제를 정해 월례발표회에서 집중적으로 검토하고 그 결과를 학술발표회를 통해 검증받으려는 계획이었다. 그러나 아직 그에는 멀리 미치지 못하는 형편이다. 한층 분발할 것이 요구된다 하겠다.

이 책은 2018년의 지역사연구소 주최 학술발표회에서의 발표와 토론을 바탕으로 그 내용을 수정 보완하고 새로이 한 꼭지를 더해서 엮은 연구서이다. 예정대로라면 지난해에 발간되어 마땅한데, 진행자의 성의와 능력의 부족으로 미뤄져 오늘에야 결실을 보게 되었다. 참여한 연구자들께 사죄드린다. 아무런 지원도 없는 가운데 순수한 학문적 열정만으로 기꺼이 동참한 연구자들의 속 깊은 정을 가슴에 새기겠다. 아울러 이 책의 간행비용을 후원한 밝은이(明娥) 고영숙(高榮淑) 기독간호대학교 전 교수께 감사드린다. 미처 이 책을 받아보지 못한 채 영면한 임의 명복을 빈다.